KB272597

아빠! 책 읽어주세요
ⓒ 장진갑, 2026

초판 1쇄 발행 2026년 3월 1일

저자   장진갑
그림작가   정조안
편집디자인   Jasmine Jiyoung Ryu
펴낸이   이기봉
편집   좋은땅 편집팀
펴낸곳   도서출판 좋은땅
주소   서울특별시 마포구 양화로12길 26 지월드빌딩 (서교동 395-7)
전화   02)374-8616~7
팩스   02)374-8614
이메일   gworldbook@naver.com
홈페이지   www.g-world.co.kr

ISBN   979-11-388-5091-9 (03370)

책 읽어주기 가이드북

아빠! 책 읽어주세요

글: 장진갑 그림: 정조안

프롤로그
책~살~ (책 읽어주며 살아요~)

"빨리 우리아이가 혼자 책을 읽었으면 좋겠어요. 그럼 책 읽어주기를 하지 않아도 되잖아요."

그동안 책 읽어주기 세미나에 참여했던 여러 아빠 엄마들이 자주 했던 말입니다. 그런데, 과연 아이가 혼자 책을 읽게 되면, 책 읽어주기를 그만 둬도 좋을까요?

저도 처음에는 두 아들이 혼자 독서를 잘하면 책 읽어주기를 그만둘 생각으로 시작했습니다. 그리고, 두 아들이 글밥 많은 책은 전혀 안 읽고 만화책만 주구장창 보는게 영 못마땅 했고, '어떻게 글로 된 책을 읽게할까?' 고민이었습니다.

그러던 차에, 2009년 큰 아이 초등 3학년, 작은 아이 1학년때, 짐 트렐리즈의 "15분 책 읽어주기의 힘" (원제: The Read Aloud Handbook - 소리내어 책읽어주기 핸드북)을 읽고 감동해서 책 읽어주기를 시작하고 작은 아이 고등학생 때까지 읽어주기를 했으니 멈추지 않고 10년 정도 했습니다.

그 과정 가운데 "15분 책 읽어주기의 힘" 책에서 하라는 대로 했는데, 정말 실천하기 어려운 것이 있었습니다. 가장 어려웠던 것은 "날마다 꾸준히 읽어주라"는 것이었습니다. 저도 날마다 읽어주려고 노력했지만, 해도 해도 안되는 나의 모습을 보며 죄책감만 늘어가는 시기가 있었습니다.

그래도 포기하지 않고 책 읽어주기를 계속하다보니 (날마다 읽어주지는 못했지만) 어느새 읽어주는 재미에 빠지게 되었고, '자녀에게 책 읽어주기의 노하우'가 생기게 되었습니다.

자녀에게 책 읽어주기를 시작하는 아빠 엄마,
예전에 읽어줬지만 힘들어서 포기한 아빠 엄마,

날마다 읽어주지 못해서 마음의 부담을 가지고 있는 부모들에게 도움이 되었으면 합니다.

특별히, 책 읽어주기를 망설이는 아빠들이 좀 더 쉽게 시작할 수 있도록, 즐겁게 꾸준히 책 읽어주기를 할 수 있도록 돕고 싶었습니다. 그리고, 바로 옆에서 친절하게 알려주는 것과 같은 느낌을 주기 위해 존댓말로 글을 썼습니다.

이제 성인이 된 두 아들에게는 책 읽어주기를 하지 않지만, 자녀에게 책 읽어주기를 하며 터득한 노하우를 바탕으로 학생들에게 계속 책 읽어주기를 하고 있습니다. 작은 대안학교를 운영했을 때는 초등 1학년 아이들을 위해 "주1회 책 읽어주는 교장"이 되었고, 지금은 보육원 아이들 대상으로 온라인 문해력 수업을 하며 책 읽어주기도 함께 하고 있습니다.

이번 개정판은 특별히 각 장마다 들어가는 그림에 신경을 많이 썼습니다. 곳곳에 만화 형식의 그림도 들어가 글의 내용을 더욱 잘 이해하고 그림만 봐도 무슨 내용인지 바로 알 수 있을 정도입니다.

이 책은 그리 길지 않은 책이지만 꾸준함과 관계의 가치를 전하고 있습니다.
더 많은 부모들이 책 읽어주기를 너무 힘들이지 않고, 즐거우면서도 꾸준히 책읽어주기를 어떻게 할 수 있을지 돕는 가이드북입니다.

더 나아가 이 책에서 알려주는 책 읽어주기 방법을 실천한다면,
부모와 자녀의 관계가 더욱 깊어지고, 책 읽어주기를 통해 정서적 교감을 더 많이 느끼게 될 것입니다.

책 읽어주기를 통해 아이들은 스스로 독서를 하게 됩니다.
스스로 독서하는 아이는 자기 주도 학습의 토대를 쌓게 됩니다.
자기 주도 학습이 되면 자신의 진로를 정하고 행복한 삶으로 인도하는데 큰 도움이 될 것입니다.

이 책을 통해 자녀에게,

누구나!

꾸준히!

즐겁게!

책 읽어주기를 10년 이상하는데 도움이 될 것입니다.

이 책을 통해 더 많은 어른들이 (부모뿐 아니라, 청년, 할아버지, 할머니도) 책 읽어주기를 실천했으면 좋겠습니다. 특히, 보육원 아이들에게 책 읽어주는 자원봉사 운동이 일어나길 소망합니다. 보육원 아이들에게 책을 읽어주는 사람은 거의 없습니다. 보육원 아이들은 한글 읽기가 부진한 아이들이 참 많습니다. 읽기가 힘드니 학교에서 학습을 따라가기 힘듭니다. 학습을 못 따라가니 공부하기가 싫어지고 따돌림도 당하고 탈선하는 경우가 많아집니다. 이 아이들에게 책을 읽어준다면, 읽기에 더 관심을 갖게 되고 학습에 더 흥미를 갖게 되어 학업증진에 큰 도움이 될 것입니다. 더 나아가 이 아이들의 미래가 변화될 것입니다.

자녀에게 책 읽어주기를 시작할 수 있도록 인도해준 20여년을 함께한 중앙기독초등학교에 사랑과 감사를 전합니다.

원고를 보고 진심어린 피드백을 해주신 정순욱 번역가님과 추천글을 써주신 네 아이의 아빠 한재진님, 특수교사이자 두 아이의 엄마 최은정님, 딸바보 아빠 조주경 목사님, 두 아이의 아빠, 엄마 조범식 장미래님, 두 아이의 엄마 김지현 엄마 세움연구소 대표님께 감사드립니다.

<제자의 자녀에게 책 읽어주는 그랜드티쳐 찬스권> 프로젝트에 참여하고,

책 읽어주기를 시작하고 경험담을 나눠준 사랑하는 제자 지원, 효주, 현미에게 특별한 고마움을 전합니다.

25년을 넘게 함께 살며 책 읽어주기 여정에 함께했던 사랑하는 아내 진경, 두 아들 희락, 희망에게 사랑을 전합니다.

책~살~~(책 읽어주며 살아요~)

2025년 10월 31일 甲스승 장진갑

Praise for

"완벽하지 않아도 시작할 수 있다"
"이 책을 읽고, 저는 딸에게 책을 읽어주기 시작했습니다."

책 읽어주는 게 아이에게 좋다는 건, 솔직히 알고 있었습니다. 문제는 어떻게 하느냐였죠. 아이 엄마가 아이에게 책을 참 잘 읽어주는 모습을 보면서 "나는 저렇게는 못하겠는데…" 싶었습니다. 뭔가 완벽하게, 체계적으로 해야 할 것 같아서, 그래서 아예 시작을 미루는 전형적인 아빠였던 겁니다. 그러던 중 이 책을 만났습니다. 30년 넘게 교육 현장에서 아이들과 함께하신 저자의 경험이 고스란히 담겨 있으면서도, 책 전체는 부담 없이 술술 읽힙니다. 무엇보다 "책 읽어주기는 특별한 기술이 아니라, 그냥 오늘부터 시작해보는 것"이라는 메시지에 큰 용기를 얻었습니다. 덕분에 저도 아기 걸음마 떼듯 딸에게 책을 읽어주기 시작했고, 아이가 제 목소리에 반응하며 웃고 집중하는 모습을 보며 '이게 진짜 되네?'라는 생각이 들었습니다. 놀랍게도, 책을 읽어주는 시간이 저에게도 즐거움이 되었습니다. 예전엔 혼자만 알던 책의 재미를 이제는 가족과 나눌 수 있게 되었고, 아내와도 책 이야기로 대화가 더 많아진 것 같아 정말 좋습니다. 혹시라도 "나는 못할 것 같아…" 하고 망설이는 아빠들이 있다면, 이 책이 딱입니다. 완벽하게 시작하지 않아도 된다는 것, 작은 실천이 큰 변화를 만든다는 것을 저처럼 경험하게 될 겁니다. 아이와 더 가까워지고 싶은 아빠들, 그리고 좋은 남편이 되고 싶은 모든 남성들에게 자신 있게 이 책을 추천합니다!

-조주경(책 읽어주기 가이드북 초판 독자, 2살 딸아이의 아빠)

책 읽어주는 부모를 위한 따뜻한 안내서

《아빠! 책 읽어주세요》는 부모와 자녀의 관계를 깊이 있게 형성하는 가장 쉬우면서도 효과적인 방법, 즉 책 읽어주기를 실천하는 구체적인 가이드북입니다. 많은 부모가 '아이에게 책을 혼자 읽게 해야 한다'는 목표를 갖고 있지만, 저자는 그보다 더 중요한 것이 부모와 자녀가 함께하는 책 읽기 시간을 통해 정서적 교감과 관계의 깊이를 쌓아가는 것임을 강조합니다. 이 책은 저자가 실제로 두 아들에게 10년 이상 책을 읽어주며 경험한 생생한 사례들을 바탕으로, 부모들이 실천할 수 있는 실용적인 방법들을 제시합니다. 특히 "꿈! 꾸! 다! 물! 속!"이라는 다섯 가지 핵심 원칙을 통해 누구나 쉽고 꾸준히 아이에게 책을 읽어줄 수 있도록 도와줍니다. 뿐만 아니라, 아빠가 책을 읽어주는 것이 아이의 언어 발달과 사고력 형성에 얼마나 큰 영향을 미치는지에 대한 연구 결과도 함께 소개되어, 엄마뿐 아니라 아빠도 적극적으로 책 읽기에 참여해야 하는 이유를 뒷받침합니다. 저도 이 책을 읽고 도전하는 마음이 생겨 잠들기 전 아이들에게 책을 읽어주는 시간을 가졌습니다. 이 시간 동안 아이들은 책과 친근해지는 것은 물론이거니와 그 속의 이야기를 통해 창의력을 키우고, 대화를 통해 생각하는 범위를 확장해 나가고 있음을 느낄 수 있었습니다. 덤으로 아이의 언어 능력뿐만 아니라 가족 간의 유대감을 더욱 강화하는 계기도 되었습니다. 책을 통해 아이의 독서 습관을 자연스럽게 형성하고, 자기주도 학습의 기초를 마련하며, 부모와의 유대감을 더욱 돈독히 하고싶다면, 이 책이 최고의 길잡이가 되어줄 것입니다.

책을 읽어주는 작은 실천이 아이의 미래를 바꾸는 큰 힘이 되기에
이 책을 추천합니다!
-네 아이의 아빠 한재진

이 책을 읽고 책 읽어주기에 대해 새롭게 알게 된 것을 나누며 추천합니다.
첫째, 아이의 듣기 수준에 맞춘 책 읽기.
최근 7살 아이가 초등학교 저학년이 읽는 글밥 많은 책을 읽는 것을 보고 놀란
적이 있다. 마음속으로 아이가 천재인가 라는 생각도 했습니다.
그런데 이 책을 읽고 다시 생각해보니, 나는 내 아이에게 듣기 수준이 아닌 읽기
수준에 적합한 책을 읽히고 있었습니다. 사실 글밥이 많으면 다 읽어주기 힘들어
서 몰래 치우기도 했습니다. 이제는 저자가 말씀해주신대로,
아이의 듣기 수준에 맞게 시도해 봐야겠습니다.
둘째, 한 권의 책을 다 읽지 않아도 된다.
책을 시작하면, 왠지 모르게 꼭 다 읽어줘야 한다는 부담감이 있어
책읽기를 피하기도 합니다. 아이에게는 잘시간이야, 만화봐서 시간 없어,
엄마 목아파라고 핑계를 대면서요. 이 책을 읽으며 '자녀에게 책 읽어주기'에
대한 내 안에 자유함이 있었나?라는 생각이 들었습니다. 그리고 내가 먼저 책읽
기에 자유함을 갖고 "오늘은 여기까지! 다음 이야기를 기대하세요."
하며 여운을 주는 편안한 마음을 가져야지 라고 다짐했습니다.
셋째, 책 읽기는 정서적 교감이다.
6살 된 아이에게 제가 가장 많이 하는 말이 "세이펜으로 읽어"입니다. 아이가
세이펜으로 읽으면 엄마의 상황에 상관없이 더 많은 책을 읽을 수 있고 후에는
글밥이 많은 책도 헤드폰을 끼고 읽을 수 있을 것 같아서입니다.
청각적 읽기에 익숙해지면 아이에게 더 많은 독서양이 제공되지 않을까하는 생
각도 했던 것 같습니다. 그런데 저희 아들이 "엄마, 세이펜보다 엄마 목소리가 더
예뻐서 엄마가 읽어주면 좋겠어요." 그러고는 꼭 엄마 무릎에 앉아서 책을 읽어달
라고 합니다. 이 책을 읽으며 '아이는 엄마(아빠)와 교감하고 싶었구나'라는 생각
이 들었습니다. 그리고 그 마음을 알아주지 못함에 미안했습니다.
넷째, 책 읽기는 끝이 없다.
사실 저는 세이펜을 혼자 사용할 수 있으면 책 읽기는 끝이라는 생각을 했습니다.
그리고 중학교때까지 책을 읽어줘야지라는 생각은 사실 한번도 해본적 없는데
굉장히 신선한 시선의 변화였습니다. 그리고 책 읽기가 유지되면 후에 아이들이
사춘기가 와도 책 읽기를 통해 부모와의 소통의 끈은 연결되겠구나 라는 생각이
들었습니다. 그리고 저자의 자녀 희망이 희락이 인터뷰에서 아빠가 시간을 내어
책 읽어주셔서 감사했다는 멘트가 미래의 저희 아이들의 마음을 대변하는 것 같
아 나도 시선을 변화시켜 봐야겠다는 동기가 되었습니다.
다섯째, 부모가 재미있어야 한다.
사실 저는 책읽기가 재미없습니다. 특히 아이들의 동화를 통해 몰랐던 부분도 알
게 되지만 재미는 없습니다. 그러니 무의식적으로 책 읽어주기를 피했던 것 같습
니다. 그런데 이 마음은 아이들에게도 전해졌겠죠. 제가 먼저 재미있는 책을
찾아봐야겠습니다. 그게 책 읽기의 시작인거 같습니다.
-특수교사이자 두 아들의 엄마 최은정

Contents

Appendix

부록

1. 저자가 직접 두 아들과 함께 했던 아빠와 자녀의 친밀감도 높이고, 체력증진, 사고력증진에 좋은 놀이 3가지

> 1) 팔로걷기 5단계
>
> 2) 이불탈출 3단계
>
> 3) 점프 말타기 3단계

2. 책 읽어주기 가이드북 <아빠! 책 읽어주세요>

> 온라인 북 세미나 안내

1장

왜 많은 부모들이
장기간에 걸쳐 5년이상
꾸준히
읽어주지 못할까요?

첫번째, 아이의 듣기 수준이 아니라, 읽기 수준에 맞는 책을 골라서 읽어주기 때문입니다.

많은 부모들이 읽어주는 책을 고를 때 착각하고 있는 것은 자녀의 나이, 학년에 맞는 책을 골라서 읽어줍니다. 대표적으로 'O학년 권장도서'라고 이름 붙여진 책을 선정해서 읽어주는데 'O학년 권장도서는 그 학년의 읽기 수준이지 듣기 수준이 아닙니다.

아이들의 읽는 능력과 듣는 능력은 다른 것입니다. 예를 들어, 5살 자녀에게 " 책상 위에 있는 파란 책 가지고 오세요"라고 적어 있는 종이를 보여주며 읽어보라고 하면, 못 읽을 것입니다. 하지만, 똑같은 내용을 아이에게 말로 "책상 위에 있는 파란 책 가지고 오세요"라고 하면 알아듣고 파란책을 가지고 올 것입니다. 이렇듯 **아이들의 듣기 수준은 읽기 수준보다 훨씬 높습니다.**

만일 자녀가 2학년이라면, 2학년 권장도서를 읽어주기 보다는 5,6학년 수준의 책을 읽어줘도 다 알아 듣습니다. 스토리가 그리 어렵지 않고 재미있다면, 어른들이 읽은 단편소설을 읽어줘도 좋습니다.

자녀가 읽기 좋은 책과 부모가 읽어주기 좋은 책은 다른 것입니다.

자녀의 읽기 수준에 맞는 책을 골라 읽어주다 보면, 읽어주는 부모가 재미를 느낄 수 없는 경우가 많습니다. 부모가 읽을 때 재미가 없으니 읽는 것이 지겹게 되고, 읽어주기 싫어지고 꾸준히 못 읽어주는 것입니다.

듣기 수준은 읽기 수준보다 훨씬 높다!

꼭 기억하세요.

책상 위에
있는
파란색 책
가지고 오세요

책상 위에 있는
파란색 책 가져고
오세요!

두번째, 부모 주도가 아닌, 아이 주도로 아이에게 끌려 다니며 책을 읽어주기 때문입니다.

열심히 한 권 읽어줬는데 아이가 더 읽어달라고 조르면 대부분의 부모는 힘들고 피곤함에도 불구하고 아이를 기특하게 여기며 피곤함을 억지로 참고 더 읽어줍니다. 또는, 부모가 읽어주는 책을 아주 조금만 듣고는 "재미없어!"하며 투정 부리면 바로 다른 책으로 바꿔 읽어준다든지, 이 책 저 책 가지고 와서 계속 읽어달라고 하면 마지못해 읽어주기도 합니다.

이렇게 되면 부모가 책 읽어주는 것이 너무 힘들어지고, 재미도 없게 되어 책 읽어주기를 5년 이상 꾸준히 지속할 수 없게 됩니다.

그렇다면, 아이에게 끌려다니지 않고 부모도 즐겁게 읽어주려면 어떻게 해야 할까요?

2 장 어떻게 즐겁고, 꾸준한 책 읽어주기를 할 수 있을까요? 3장 '자녀에게 읽어주기 좋은 책 고르는 기준은 무엇일까요?'를 읽어보세요.

세번째, '하루에 한 권씩 꼭 읽어줘야지'하고 다짐하기 때문입니다.

책 읽어 주기를 노하우를 알려주다 보면 많은 부모들이 이런 얘기를 많이 합니다. "꾸준히 책을 읽어주기 위해 하루에 한 권은 꼭 읽어주려고 노력하고 있어요"

제발 이런 다짐 하지 마세요! 이런 다짐 때문에 오히려 꾸준히 책을 못 읽어주고, 책 읽어주는 것이 너무 힘이 들게 됩니다. 한 권이 기준이 되지 말고 5~10분정도의 시간을 기준으로 읽어 주세요. 한 권 읽어주려면 너무 긴 시간이 필요한 경우도 있고, 반면에 시간이 얼마 안 걸리는 짧은 그림책은 대부분 유치한 내용이라서 어른이 매일 읽어줄 때 재미를 크게 느낄 수 없는 경우가 많습니다.
스토리가 탄탄한 명작 동화 같은 책을 한번에 5~10분 정도만 읽어주고 "오늘은 여기까지! 다음 이야기를 기대하세요"하고 과감히 마치세요.
특별히, 일을 하고 저녁에 들어오는 아빠(엄마)의 경우는 긴 시간 책을 읽어주기는 너무 힘들 것입니다. 그보다는 아이가 자기 전 5~10분 정도 꾸준히 책을 읽어주는 것은 그리 힘들지 않을 것입니다.

하루에 한 권씩 읽어 줘야지!
마침 반도 못 읽었는데...
그냥 짧은 책을 읽어야겠다...

네번째, '아이가 혼자 읽을 수 있게 되면 책을 그만 읽어줘야지'하는 생각 때문입니다.

언제까지 책 읽어주기를 하면 될까요? 라는 질문에 대부분의 부모들은 "아이가 혼자 읽을 수 있으면 그만 둬야지요."라고 답변 했습니다.

얼마나 책 읽어주는 것이 힘들기도하고, 재미가 없으면 이렇게 대답할까요. 책 읽어주는 것이 부모도 재미있어야 합니다.

아이가 혼자 읽는 것은 읽는 대로 놔 두고, 아빠 엄마가 책 읽어주는 것은 별개로 계속 해 나가야 합니다. 스스로 책을 읽는 것과 부모가 읽어주는 것을 듣는 것은 완전히 다른 세상입니다.

자녀에게 책을 읽어주는 것은 부모와 자녀의 정서적 교감뿐 아니라, 다양한 대화로 이어지는 연결고리가 되면서 유대관계 증진에 너무 좋습니다. 하지만 자녀 혼자 책을 읽는 것에서 이런 것까지 기대할 수 없답니다.

그렇다면, 자녀에게 언제까지 책을 읽어줘야 할까요? 이 책 9장에 답이 나와 있습니다.

이제
혼자서도 잘 읽는데…
그만 읽어줘도 되겠지?

2장

어떻게

책읽어주기를 즐겁고도 꾸준히 할 수 있을까요?

희락, 희망 아빠, 甲스승의 책 읽어주는 노하우 5가지

"꿈!꾸!다! 물!속!"만 기억하면 됩니다.

첫번째,

꿈을 가지고 읽어주라!

책을 읽어주며 상상해 주세요.
자녀가 스스로 책을 읽는 모습을!
자기 주도 학습 습관을 갖게 될 자녀의 모습을 상상해주세요!
나의 지금 책 읽어주는 행동이 그저 내 아이가 남보다 우월해지고, 공부 잘하기 위한 것만이 아니라, 우리나라의 교육을 바꾸는 위대한 일을 하는 것이라는 자부심을 갖고 읽어주세요.
우리나라의 많은 부모들이 자녀에게 책 읽어주기를 실천한다면,
많은 아이들은 스스로 책을 읽게 될 것이고, 자기 주도 학습자가 될 것입니다. 그뿐 아니라, 자녀의 독립성과 자기주도성을 해치는 심각한 사교육 문제도 상당부분 해결될 것입니다.
자기 주도 학습자가 되어 자신의 길을 발견하고 행복하게 사는
사람들이 더욱 많아질 것입니다.
이런 위대한 꿈을 가지고 읽어주세요!
꿈을 가지고 읽어주라!

자녀는 단기적으로, 장기적으로 이렇게 변화될 것입니다.

1) 가깝게는 OO(자기 자녀이름)가 만화책만 읽지 않고, 글밥 있는 책으로 자연스럽게 넘어가면서 스스로 책을 읽는 아이가 되는 것을 상상하며 읽어주세요. 동생에게 책을 읽어주는 아이가 될 수도 있습니다.

2) 장기적으로는 OO가 중고등학교를 다닐 때, 자기 주도 학습자가 되어서 자신의 꿈을 향해 나아가고 있는 모습을 상상하며 읽어주세요.

아빠, 엄마는 단기적으로, 장기적으로 이렇게 변화될 것입니다.

1) 가깝게는 책을 읽어주는 아빠, 엄마가 되어 뿌듯함, 흐뭇함을 자주 느끼는 부모가 된다는 꿈이 현실이 되는 모습을 상상하며 읽어주세요.

2) 장기적으로는 자녀와 책을 통해 정서적 교감을 나눌 뿐 아니라, 대화를 나누는 훌륭한 아빠, 엄마가 되는 상상을 하며 읽어주세요.

자녀가 아빠, 엄마를 존경하게 됩니다!!

그리고, 세계 명작을 많이 읽어서 교양있고 수준있는 부모가 되는 것은 보너스입니다.

꿈. 꾸. 다 . 물. 속!

꿈!

꿈을 가지고 읽어주라!

두번째,

꾸준히 읽어주라!

'15분 책읽어주기의 힘'책에서는 꾸준히 읽어주라고 하면서 매일 읽어줘야 한다고 아래와 같이 강조하고 있습니다.

"3~4일에 한번씩 띄엄띄엄 읽어주고도 아이의 흥미가 유지되기 바라는 것은 욕심이다."

저도 매일 읽어주려고 노력을 했지만, 바쁜 일과 속에서 현실적으로 너무 힘들었고, 매일 읽어주는 것은 거의 불가능에 가까웠습니다. 매일 읽어줘야 한다고 생각은 하면서 그러지 못하고 있는 나 자신의 모습을 보면서, 성취감보다는 못했을 때의 미안함, 못하는 것에 대한 자기합리화만 하고 있는 나의 모습을 발견했습니다.

매일 읽어줘야 한다는 의무감을 버리세요. 날마다 안 읽어줘도 좋습니다. 이 책에서 말하는 '꾸준히 읽어주라'는 일주일에 한 번이든, 두 번이든, 1년, 2년, 3년…..5년이상 포기하지 말고 계속 꾸준히 읽어주는 것을 뜻합니다.

3,4일에 한번씩 띄엄띄엄 읽어줘도 괜찮습니다. 저의 경우 너무 바쁠 때는 한 달에 한 번 읽어준 적도 있었습니다.

예전에 '책 읽어주는 아빠엄마' 강의를 듣고 한 어머니께서 이런 고백을 해주셨습니다.

"그 동안 매일 읽어주지 못해서 죄책감만 들었고… 잘 읽어주지 못했는데 이 강의를 듣고 죄책감에서 해방되었어요! 다시 책 읽어주기를 시작하겠습니다. 감사합니다!"

바로 이것입니다! 매일 안 읽어준다고 죄책감 느끼지 마세요. 매일 안 읽어줘도 좋습니다! 책 읽어주기를 포기만 하지 마세요!

1년, 2년… 그 이상 책 읽어주기를 실천하면 자녀가 '우리 아빠(엄마)는 책 읽어주는 분이야'라는 인식을 갖게 됩니다.

그러면 성공입니다.

저의 자녀 희락이가 3학년, 희망이가 1학년 때부터 책 읽어주기를 시작한 후 10년정도 계속하다보니, 지속 가능하게 만드는 중요한 두가지 원리를 깨닫게 되었습니다.

바로 자발성과 관계성입니다. 어른이 읽어도 재미있는 책(주로 세계 명작 단편)을 읽어주며, 억지로가 아닌 자율적이고 자발적인 책 읽어주기를 하면서 지속가능성이 아주 높아졌습니다. 책과 아빠의 관계, 책과 아이와의 관계, 아빠(엄마)와 자녀의 관계가 깊어지는 읽어주기가 될 때, 책 읽어주는 아빠의 지속가능성이 높아졌습니다.

꿈. 꾸. 다 . 물. 속!

꾸!

꾸준히 읽어주라!

"꾸준히"의 의미를 꼭 기억하세요

세번째,

다음 이야기를 기대하게 하라!

내용이 고조되거나 한 장(chapter)이 끝나는 부분에서 읽어주기를 과감히 멈추세요.

"오늘은 여기까지! 다음 이야기를 기대하세요. "
보통 아빠, 엄마들은 아이가 계속 읽어달라고 하면 읽어주기 힘들지만 참고 읽어 줍니다. 읽어주는 것이 힘드니까 몇 년 동안 꾸준히 읽어주지 못하는 것입니다.

오늘만 날이 아닙니다. 내일도 있습니다. 아이에게 끌려 다니며 책을 읽어 주지 마세요. 읽어주고 안 읽어주고는 부모가 주도적으로 결정하세요!
그래야 1년, 2년... 5년이상 꾸준히 책 읽어주기를 실천할 수 있습니다.
한 챕터가 끝나거나 5분 정도 읽어줬을 때

"오늘은 여기까지!"하며 책을 과감하게 덮으세요!
그리고, "다음 이야기를 기대하세요~"라고 한 뒤 저의 경우는 우리집 구호 "기쁨, 감사, 생각!"을 외치고 축복기도를 해준 뒤 아이들을 바로 재웠습니다.

큰 아들 희락이의 경우는 책의 뒷 내용이 궁금해 그 다음 날 일찍 일어나서 스스로 읽었던 적도 많았습니다.

사실 저도 다음 내용이 궁금해 아이들 재워놓고 저 혼자 읽었던 적이 많았 습니다. 아! 그리고 다음 날이 토요일이나 쉬는 날이면 인심 쓰면서 몇 장 더 읽어 줘도 좋습니다.

요즘 보육원 아이들을 위한 문해력 온라인 수업에서 책을 읽어줄 때도 한창 다음 내용이 궁금해지는 대목에서 "오늘은 여기까지!" 하고 책을 딱 덮으며 "다음 이야기는 어떻게 될까요? 다음 시간에 읽어줄게요."
이럴 때 그 아이들의 표정을 보면 참 재미 있습니다.

꿈. 꾸. 다 . 물. 속!

다!

다음 이야기를 기대하게 하라! 꼭 기억하세요.

네번째,

물을 옆에 놓고 읽어라!

　　　책 읽어주기를 실천하고 있는 아빠 엄마들은 아실거예요~~~
읽어주다 보면 몇 분 지나지 않아 금방 목이 마릅니다. 목이 타들어 갑니다. 목이
마르면 소리내어 책 읽어주기가 싫어지면서…… 책 읽어주기를 빨리 끝내고 싶은
마음이 굴뚝같아집니다.
　　　이것을 극복할 수 있는 가장 좋은 방법은 바로~~~
물을 옆에 놓고 읽어주면 됩니다. 목이 마를 때마다 물로 목을 축인 뒤 기분 좋고
생기 있게 읽어 주다보면, 그만 읽어주고 싶다는 마음도 사라질 뿐만 아니라, 책의
내용의 책을 읽어주는 아빠(엄마)에게 들어왔다 자녀에게 들어가는 것을
느낄 수 있을 것입니다.
　　　가끔씩 책에도 없는 내용을 넣어 읽어 보세요.
　　　"바로 그 때 바보 이반이 목이 말라 물을 마시기 시작했어요~~"
이렇게 읽어준 뒤 옆에 준비해둔 물통의 물을 마시면 아이가 깔깔대며 웃기도 하
고, 제가 자주 이걸 써 먹으면 "아~~ 아빠 또~~"하며 웃고 넘어가곤 합니다.
아무튼, 힘든 책 읽어주기가 되지 않기 위하여 너무 중요한 노하우 팁입니다.
"하루 15분 책읽어주기의 힘" 책에는 아예 없는 내용입니다.
　　　책 읽어주기를 시작하기 전, 500ml짜리 물통이나 물컵을 미리 준비해 놓는
것 잊지 마세요.

꿈. 꾸. 다 . 물. 속!

물!

물을 옆에 놓고 읽어라!

꼭 기억하세요.

다섯번째,

속도가 빨라지면 안된다!

　읽어주다 보면 읽는 속도가 자기도 모르게 점점 빨라집니다. 그렇게 되면 내용도 잘 전달되지 않을뿐더러 자녀와의 정서적 교감도 느낄 수 없게 됩니다. 속도가 빨라질 때 이 문장을 기억하세요!

　"속도가 빨라지면 안 된다!"

　특히, 뭔가 바쁜 일이 있을 때, 일을 집까지 가져와 자기 전까지 바쁠 때 읽어주기가 싫어지고 빠르게 읽고 싶어집니다. 하지만, 적절한 속도로 읽어주면, 책 속의 내용이 읽어주고 있는 아빠(엄마)에게 깊숙이 들어왔다 나가면서 자녀에게 그대로 전해지는 것을 느낄 수 있습니다. 바로 책 읽어주기를 통해 아빠(엄마)와 자녀의 교감이 일어나는 순간입니다.

　아무리 바빠도 5분 정도라도 자녀와 이런 순간을 경험하기 위해 적절한 속도로 읽어주세요.

꿈.꾸.다 . 물.속!

속!

속도가 빨라지면 안된다!

꼭꼭 기억해주세요.

꿈을
가지고
읽어주라!
꾸준히
읽어주라!
속도가
빨라지면
안된다!
다음
이야기를
기대하게
하라!
물을
옆에 두고
읽어라!

3장

자녀에게 읽어주기 좋은 책 고르는 기준은 무엇일까요?

1. 부모가 읽을 때도 재미있는 책이면 좋습니다.

　　　책을 선택해서 읽어주다 보면 짜임새도 별로 안 좋고 재미도 없어서 '어, 이 책 아닌데..'라는 생각이 들 때가 있습니다. 이럴때는 과감히 책을 덮고 다른 책을 읽어 주세요.

　　　영유아기 그림책도 그림이 예쁘고, 다채로울 뿐만 아니라, 글밥은 별로 없지만 내용 흐름이 자연스러워서 어른이 봐도 재미있는 책이 아주 많습니다. 자녀가 유치, 초등학년이라면, 부모가 읽어도 스토리가 재미있는 책을 권합니다. 한편으로는, "아이들 눈높이에 맞춰서 책을 고르고 읽어줘야 한다"는 분들도 계시지만, 저는 책 읽어주기를 꾸준히 못하는 아빠들이 좀 더 책 읽어주기를 쉽게 접근하기 위해서는 아빠가 읽을 때 재미있는 것을 고르라고 권합니다. 그렇게 꾸준히 읽어주게 되면, 아이는 자기 (읽기) 수준에 맞는 책을 알아서 스스로 읽게 됩니다.

　　　책 읽어주기 힘들어하는, 시작이 엄두가 안나는 많은 아빠들! "바로 지금! 본인에게 재미있는 단편 명작 소설 한편 고르세요. (고르기 힘든 분들에게 톨스토이의 바보이반 추천합니다.) 그리고, 일단 시작해보세요. 오늘 밤 아이 자기 직전에 5분만 읽어주세요. 정말 생각보다 힘들지 않고, 재미있습니다.

　　　많은 독서교육 전문가는 영유아기때 책을 읽어줄 때 아이가 흥미를 보이는 책, 아이가 골라오는 책을 읽어주라고 합니다. 이것도 틀린 말은 아닙니다. 제가 권하는 방법은 아이가 골라 오는 책과 부모가 읽어도 재미있는 책을 반반 정도로 하는 것입니다. 예를 들어, 엄마는 아이가 골라온 책 위주로 읽어주고, 아빠는 본인이 재미있는 책을 읽어주는 것입니다. 보통은 아빠들이 책 읽어주기를 어려워하기 때문에 본인이 재미있을 만한 책을 골라 읽어주면 좋습니다.

이렇게 하다보면 아빠들도 책 읽어주기가 좀 더 수월해질 것이고, 무엇보다도 자녀와 자연스럽게 상호작용하면서 정서적 교감이 높아질 것입니다.

아빠들은 책 읽어주기가 힘들고 재미없다보니
읽어주다가 졸거나 자는 경우가 많습니다.

2. 상 받은 책이 꼭 읽어주기 좋은 책은 아닙니다.

　　보통 상 받은 책은 그 나이 또래 아이들의 듣기 수준이 아니라 읽기 수준에 맞는 추천도서이지 꼭 부모가 읽어주기 좋은 책은 아닙니다. 예를 들어, 초등학생 권장 도서로 상받은 것은 초등학생이 읽기에 적합한 책이지, 꼭 읽어주기 좋은 책은 아니라는 것입니다. 아이가 대충이라도 알아들으면 부모가 재미있게 읽고 있는 수필, 소설 등도 읽어주면 아주 좋습니다.

　　<15분 책읽어주기의 힘>의 추천도서에서 표시한 나이는 그 나이의 아이들이 듣고 이해할 수 있는 책을 뜻합니다.

"아이들 중 상당 수는 이 책들을 혼자 읽을 때에는 어렵게 느낄 수도 있을 것이다."라고 말합니다.

　　아이들의 듣기 수준은 읽기 수준 보다 높다는 것 잊지마세요!

3. 명작은 괜히 명작이 아닙니다.

많이 읽혀져 오는 고전, 명작을 읽어주세요. 아빠의 문학 수준도 올라갈 것입니다. 명작을 읽다 보면 내용에 빠져들며 "와우!" 하며 감탄하는 순간이 있습니다. 이 순간을 자녀와 함께 느낀다면 이보다 더 좋을 수 없습니다!
톨스토이 단편선, 오 헨리의 <마지막 잎새>와 <크리스마스 선물>, 오스카와일드의 <행복한 왕자> 등 주옥과 같은 소설은 단편이기에 짧은 시간에 큰 감동을 자녀와 함께 느낄 수 있습니다.

단, 명작 가운데 조심해야 할 명작이 있었습니다. 외국 단편 명작만 읽어주면 안되겠다 싶어서 한국 단편 소설 명작선을 읽어주려고 책을 구했습니다. 그런데, 한국 대표 단편 명작 가운데 내용이 우울하고 일제시대와 6.25 전쟁 전후 가난한 시대 배경이라서 그런지 아이들에게 읽어주기 어려운 내용들이 꽤 많았습니다. 제목만 들어도 많은 사람들이 알고 있는 김동인의 <감자>와 <배따라기>, 현진건의 <운수좋은 날>, 이상의 <날개>는 성매매, 자살, 가정비극이 직간접으로 나오다 보니 어린 자녀에게 읽어주기는 적절하지 않았습니다.

한국 대표 단편으로 추천하고 싶은 소설은 황순원의 소나기입니다.

이런 책은 너무 어려워하지 않을까?
셰익스피어
읽다보니 나도 재미있고, 아이들도 좋아하네!

4 장

꼬리에 꼬리를 무는

자녀교육, 자기주도학습, 독서교육, 사교육문제에 대한 고민...

어떻게 해결할까요?

Q1. 자녀 교육의 목적은 무엇일까요?

자녀 교육의 목적에 대해 다루기 전 '15분 책읽어주기의 힘'의 원래 제목은 The read aloud handbook :소리내어 책읽어주기 핸드북인데 왜 이렇게 한국 책제목을 붙였을까요?

경쟁이 너무 심한 한국 사회 속에서 남보다 우월한 위치에 오르기 위해서는 힘을 키워야 한다는 심리가 밑바탕에 깔려있는 것은 아닐까요? 가이드북이나 핸드북보다는 '책 읽어주기의 힘"이라고 하면 경쟁이 심하고, 우월주의, 능력주의가 팽배한 한국 사회에서는 책이 더 잘 팔릴 것이라는 출판사의 의도도 엿보입니다.

그래서 이 책의 제목은 자녀에게 책 읽어주기 가이드북 "아빠, 책 읽어주세요!"로 정했습니다. 특히, 바쁜 아빠들이 좀 더 쉽게 책 읽어주기의 세상 속으로 들어 올 수 있도록 여러가지 책 읽어주기 요령을 알려주고 있습니다. 아울러, 책 읽어주기의 목적은 남보다 우월해지는 힘을 키우기 위함이 아닙니다. 무엇보다도, 부모와 자녀의 정서적 교감과 관계 증진에 있습니다.

자녀 교육의 목적과 책 읽어주기의 연결점은 책 읽어주기를 통한 자녀와의 관계 증진과 정서적 교감입니다. 책을 꾸준히 읽어주다 보면 자연스럽게 자녀와 책 속의 이야기가 부모와 자녀에게 동감을 일으키며 서로 정서적으로 교감을 하게 됩니다. 저의 경우는 책의 내용이 내 마음에 들어온 뒤 초롱초롱하게 듣고 있는 아이들의 마음으로 쏙! 들어간다는 느낌을 많이 받았습니다. (이 때의 느낌은 정말 짜릿합니다!)

아울러, 많은 부모들의 자녀교육의 목적은 '자녀의 행복한 삶'일 것입니다. 행복한 삶을 위해 자녀가 자신의 재능을 발견하고, 자신의 일을 찾아 행복하게 사는 삶으로 연결시켜주기 위해 자녀에게 여러가지 교육을 할 것입니다.

생각있는 부모라면 모두 좋은 목적과 이상을 가지고 자녀교육을 합니다 하지만 많은 부모들은 사교육에 돈은 돈대로 들이고 대학생이 되어서도 심지어

직장인이 되서도 의존적이고 타율적인 사람이 되도록 자녀를 교육하고 있지 않나요?

요즘 대학생들 가운데 엄마가 교수에게 전화를 걸어 자녀의 학점, 대학생활, 강의에 대해 문의하는 경우가 종종 있다는 뉴스를 봤습니다. 소위 이런 부모들을 "헬리콥터 부모"라고 합니다. 헬리콥터 부모는 자녀 대학 시절부터 학점 관리나 취업 준비에 관여한다고 합니다. 대학에서 교수로 일하는 지인에게 진짜 그런지 물어 보았습니다. 본인은 학점을 따지는 학부모는 못 봤지만, 출석-결석 문제로 학생이 연락하지 않고 엄마가 직접 연락하는 경우가 있다고 합니다.

그리고, 저희 옆 집에 사셨던 수간호사로 일하는 분이 해주셨던 이야기가 있습니다. 요즘 신입 간호사 가운데 업무에 무슨 문제가 생기면 엄마가 전화를 걸어 문제를 해결하려는 경우가 종종 있다고 합니다. 왜 이런 일이 벌어질까요? 그 원인 중에 하나가 어렸을 때부터 엄마가 짜 준 빡빡한 스케줄에 따라 학교가 끝난 후에도 학원 뺑뺑이를 돌며 오랫동안 살다 보니 의존적이고 타율적인 습관이 몸에 베어버린 것이 아닐까요?

자녀의 성공을 위해 이 정도는 해줘야지 하면서 대학생이 되면 학점관리, 취업관리해주고, 취업하면 결혼 준비에…. 끝도 없는 부모의 도움이 과연 우리 자녀가 자기주도적인 삶을 살아갈 수 있도록 돕는 것일까요?

Q2. 그렇다면, 어떻게 우리 자녀에게 행복한 삶! 자신의 일을 찾아 행복하게 사는 삶으로 연결시킬 수 있을까요?

이 이상을 현실로 이어주는 연결고리는 여러가지가 있겠지만, 인생을 행복으로 연결시켜주는 비결 가운데 하나가 자기 주도 학습 습관이라고 할 수 있습니다. 자발성을 가지고 어떤 일을 할 때 우리는 더욱 그 일을 즐겁게 할 수 있고 집중할 수 있을 것입니다. 이 연결고리는 바로 자기 주도 학습입니다. 자기 주도 학습자로 키우는 가장 좋은 방법이 바로 스스로 독서하는 습관을 갖는 것입니다. 많은 사람들이 아래와 같이 말을 합니다.

"자기 주도 학습을 해야 한다. 자기 주도 학습을 위해서는

독서가 중요하다."

특별히, 유치와 초등학생 기간의 광범위한 스스로 독서는 중고등학생이 될 때의 자기 주도 학습을 할 수 있도록 돕는 탄탄한 토대를 쌓는 것입니다.

Q3. 어떻게 부모와 자녀 모두가 독서하는 습관을 갖을 수 있을까요?

(독서하는 습관을 갖게 하는 방법)

자기 주도 학습의 토대가 되는 것은 독서입니다. 독서가 좋다는 것은 누구나 다 아는 것입니다. 자녀에게 독서 습관을 키우기 위해, 그 뿐 아니라 부모 자신의 독서 습관을 키우기 위해 책 읽어주기를 적극 추천합니다.

자녀에게 책을 읽어주면 자녀는 저절로 스스로 책을 읽게 됩니다.

책을 읽어주세요. 아이는 여러 꿈들과 연결됩니다.

Q4. '자녀에게 책 읽어주기' 우리나라의 사교육문제, 저출산 문제를 조금이나마 해결하는 방법이 아닐까요?

제가 오랫동안 근무했던 중앙기독초등학교에는 '15분 책읽어주기의 힘' 책이 필독도서였기에 이 책을 통해 자녀에게 책 읽어주기를 시작할 수 있었습니다. 일단 이 책을 꼭 읽어보길 추천드립니다.

그런데, 이 책을 읽고 실제로 책 읽어주기를 꾸준히 실천하고 있는 부모는 얼마나 될까요? 5년이상 꾸준히 실천하는 부모님이 있다는 것을 잘 듣지 못했습니다. 잘 실천하지 못한 이유가 있을 것입니다.

여러 이유가 있겠지만 그 중 한가지는 "15분 책읽어주기의 힘" 책의 내용 가운데 현실 속에서 실천하기 너무 어려운 부분이 있었습니다.

저의 두 자녀를 초등 때부터 10년 동안 책 읽어주기를 꾸준히 실천하면서 체득하게 된 실제적인 노하우를 나누고 싶었습니다. 그리고, 이 땅에 더 많은 아빠, 엄마들이 자녀에게 책 읽어주기를 즐겁게! 10년 이상 꾸준히 하게되면 사교육비를 많이 절약할 수 있을 것입니다. 2022년 9월 블룸버그 외신에 의하면, 세계 최하위 한국의 출산율의 가장 큰 원인은 'Hagwon' 교육비라고 합니다.

최근 대치동 학원가에는 초등 의대반이 생기고, 4세 고시, 5세 고시가 있다고 합니다. 이것은 아이의 뇌발달 측면에서도 정서발달이 덜 된 상태에서 인지발달을 억지로 시키고 있으니 아이들에게 여러 정서적, 인지적 손상을 입히는 현상을 초래합니다. 책 읽어주기를 영유아기부터 시작해서 최소한 초등학교까지 책 읽어주기를 실천한다면 한국 사교육의 큰 파도에 휩쓸리지 않을 것입니다. 세브란스 의대 천근아 소아과의사는 말합니다.

> "7세 고시는 5살 정도 되는 아이들한테 대치동의 빅5 영어 학원에 보내기 위해서 이제 고시를 준비하는 거죠. 제가 7세 고시의 내용을 봤더니 '지문을 읽고 이것을 추론하시오' 이건 고1 수능 독해 수준이더라고요. 그 아이들이 소화할 수가 없는

수준의 난이도예요. 아이하고 책 같이 읽어 주시고, 함께 어디 놀이 동산에 가서 신나게 놀고 그렇게 하시면 부모님들은 완벽하게 부모로서의 역할을 다 하고 계시는 겁니다.”

책 읽어주기 운동은 자녀키우기 힘든 한국의 현실 속에서 자녀교육 문제, 사교육 문제를 어느 정도 해결하기 때문에, 저출산의 문제 해결에도 한 몫을 할 것입니다. 더 나아가 책 읽어주기 캠페인을 통해 우리나라의 교육이 조금이나마 변화 되는 꿈을 꿉니다.

저는 오늘도 보육원 아이들에게 꿈을 가지고 책을 읽어주고 있습니다.

5장

아빠와 자녀는 '책 읽어주기'를 실천하며

어떤 변화와 성장을 경험했을까요?

　　2009년경 짐트렐리즈의 '하루 15분 책 읽어주기의 힘(원제:The Read aloud handbook 소리 내어 책 읽어주기 안내책)'을 읽고 감동 받아서 자녀에게 책 읽어주기를 시작했습니다.

　　이 책은 시대에 유행에 따라 쓰여진 책이 아닙니다. 40여년 전에 쓰여졌고 그 동안 꾸준히 출판이 되어온 책이라서 더 신뢰가 갔고, 내용도 구체적인 실천서라서 더 흥미있게 읽을 수 있었습니다.

1. 큰 아들 희락이의 변화

　　희락이가 초등 1,2학년 때 만화책만 주구장창 보았습니다. 특히, 재미있게 읽었던 만화책은 마법 천자문과 메이플 스토리였습니다. 사실, 이 책은 어른이 저도 재미나게 읽었습니다. 그런 가운데 **책 읽어주기를 시작하고 몇 개월이 지나서 글밥이 많은 줄글로 된 책을 스스로 읽기 시작했습니다.**

　　희락이 3학년 말쯤, 어느 날 거실 책꽂이 앞에 앉아 책을 읽으며 훌쩍훌쩍 울고 있는 것이었습니다. 로미오와 줄리엣 아동문고판을 읽고 있었습니다. (이 책은 그 전날 읽어주다가 "오늘은 여기까지! 다음 이야기를 기대하세요!"하고 마친 책이었습니다.)

　　왜 우는 지 궁금해서 희락이에게 물었습니다.

　　　　"희락아, 왜 울어?"

　　　　"슬퍼서..."

　　아동용으로 짧게 줄인 내용이었지만 내용이 짜임새 있게 잘 이어져 있어서 그 속에서 카타르시스를 느꼈던 것이었습니다. 셰익스피어가 위대한 작가라는 것을 새삼 느낄 수 있었습니다.

　　희락이는 4학년 때 학교 문학통합 수업시간에 읽는 꽤 두꺼운 책 나니아 연대기 '사자, 마녀, 옷장'을 거침없이 읽어 나갔고, 어느새 스스로 책읽는 아이가 되어 있었습니다.

많은 어머님들이 자녀의 독서습관에 대한 고민 가운데 하나가 아이가 만화책만 본다는 것입니다. 만화책만 본다고 잔소리할 필요가 없습니다. 자녀에게 책을 꾸준히 읽어주세요. 그러면, 아이들은 만화책에서 줄글로 된 책으로 자연스럽게 옮겨 갈 것입니다.

2. 작은 아들 희망이의 변화

　　　희망이는 책을 읽어줄 때 딴 짓을 많이 했습니다. 레고도 만지고 자기 마음에 드는 장난감을 만지작 걸렸습니다. 1~2학년 때까지는 만화책도 자기가 스스로 꺼내서 읽는 법이 없었습니다. 3학년이 되어서야 '메이플스토리', '마법천자문'같은 만화책을 보기 시작했습니다. 3, 4학년 때 학교 문학통합수업 시간에 읽어야 하는 '피노키오'와 '나니아 이야기' 책도 너무 두껍고 글이 많아서 그런지 잘 읽지 않았습니다. 형 희락이는 너무 재미있다고 하면서 스스로 읽었던 책이었는데 희망이는 언제 읽게 되나…… 답답하기는 했지만 끊이지 않고 책을 읽어주며 기다렸습니다. (와! 같은 뱃속에서 나온 아이들인데 어찌 이렇게 다를까요!!)

4학년말쯤에 희망이에게 희망을 보았습니다.

오페라 이야기 시리즈 가운데 '투란도트'를 하루 읽어주고 며칠을 계속 못 읽고 있었는데 희망이가 저에게 재촉하며 말을 했습니다.

　　　"아빠, 지난번에 읽어줬던 것 있잖아~ 투…… 뭐였더라??"

　　　"아! 투란도트! 알았어 오늘 읽어줄게!"

　　　지금까지 읽어달라고 한 적이 없었던 희망이가 변하기 시작했습니다.

5학년이 된 희망이는 자기 스스로 줄글로 된 책을 책꽂이에서 꺼내서 읽기 시작했습니다.

아빠, 지난번에 읽어줬던 투... 뭐였더라?
아, 투란도트!

3. 두 자녀 중고등까지 책을 읽어주며 유익했던 점

　　　　희락이와 희망이가 중학생이 되면서 책 읽어주기 빈도는 줄어들었지만 멈추지는 않았습니다. 초등 때부터 아빠가 책 읽어주기를 해서 그런지 중학생이 되어서도 책읽어주기를 그만 하라는 말을 하지 않았습니다.

만일, 아이들 초등학생 때 안하다가 중학교 때 책 읽어주기 한다고 했다면, **황당한 표정을 지으며 "아빠 ~~ 왜 그러세요 ~~"** 했을 것입니다.

　　　　두 아들 초등학교 때부터 책 읽어주기를 10년 정도하며 자녀와의 유대관계 형성과 책을 통한 정서적 교감을 갖는데 아주 큰 유익이 있었고, 중고등학생 때까지 이어지며 진로-진학 지도에도 많은 도움을 받았습니다.

　　　　큰 아이는 공부 머리가 많이 발달했음을 알게 되었고, 중고등학교때 자기 주도 학습을 했습니다. 지금은 미국 시카고에 있는 대학에서 전액 장학금을 받으며 열심히 공부하고 있습니다. 둘째는 국어, 수학같은 공부보다는 일찍감치 제과제빵이나 헤어컷 분야에 관심을 가졌습니다. 제과제빵대학도 다녔고, 지금은 스시천국 밴쿠버의 스시식당에서 일을 하고 있습니다.

　　　　책 읽어주기를 통해 학습 분야에서도 두 아이의 특성을 제대로 파악할 수 있었고, 진로와 진학을 미리 준비할 수 있었습니다.

이제 생각해보니 두 아이 모두 반항적인 사춘기를 보내지 않고 청소년기를 보낸 것도 책 읽어주기 덕분 인 것 같습니다.

4. 성인이 된 저자의 자녀 인터뷰

안녕하세요. 알라딘 TV 김교보 앵커입니다.

아빠가 책 읽어주기를 초등때부터 고등까지 해주고, 이제 성인이 된 두 분을 인터뷰했습니다. 미국 시카고 무디대학에서 공부하고 있는 큰 아들 희락군과 캐나다 밴쿠버 스시레스토랑에서 일하고 있는 작은 아들 희망군을 만나 봤습니다.

Q1. 희락군 초등3학년, 희망군 1학년때부터 아빠가 책읽어주기를 시작했다고 들었어요. 책을 읽어줘서 좋았던점과 안 좋았던점은 무엇인가요?

희락: 그 당시 만화책만 좋아하던 저에게 글로 된 책에도 흥미를 가지게 해 주셨어요. 그러면서 책에 대한 관심을 많이 갖게 되었어요.

주로 "오늘은 여기까지! 다음 이야기를 기대하세요!"하고 다음 이야기를 들려주지 않으셨어요 (하하하) 재우셔서 뒷이야기가 궁금할 때가 많았어요. 그래서 나중에 스스로 책을 읽게 되었습니다.

책을 읽어주셔서 매일 밤 아빠와 함께하는 시간을 기대하게 되었던 것 같아요.

희망: 아빠와 즐거운 시간이 되었고 관계도 좋아진 것 같아요.

Q2. 아빠가 읽어줬던 책가운데 가장 기억에 남는 Best 3

희락:

3) 사람은 무엇으로 사는가

2) 바보이반- 각 등장인물의 특징을 살려서 다른 목소리로 실감나게 책을 읽어주셔서 더욱 몰입이 되어 들었던 것 같습니다.

1) 햄릿(세익스피어)

희망:

3) 행복한 왕자

2) 톰소여의 모험 - 톰과 허클베리핀이 오두막을 짓고 신나게 놀던 이야기가 기억에 남아요

1) 바보이반

Q3. 책읽기(주기)에 집안 환경이 어땟나요?

희락, 희망 - 여타 다른 집과 다르게 집에 TV가 없었어요. 대신에 주로 만화책이 많았지만~ 거실에 책이 많이 있었고, 편히 앉아서 책을 읽을 수 있는 어린이이용 쇼파가 있었어요.

Q4. 책읽기(주기)에 집안 환경이 어땟나요? 중학생 때도(중국에서 고딩때는 가끔) 읽어줬다고 들었어요.
그때는 아빠가 읽어주는것이 유치하지 않았을까요?? 어땠나요??

희망 - 오디오북이 전 연령대가 사용하는 것처럼, 아빠가 책을 읽어주신 것이 유치하다는 생각은 해본 적이 없습니다. 오히려 자신의 시간을 쓰며 책을 책을 읽어주셨던 아빠께 감사해요.

희락 - 유치하다는 생각은 해본 적이 없고, 주로 아빠가 재미있는 짧은 단편 소설을 읽어주셔서 재미있게 들었던 것 같아요.

Q5. 기타 하고싶은 말

희락: 아빠가 책을 읽어주셔서 책에 대한 관심을 가지게 되어 청소년시기에 공부하는데도 도움이 많이 되었던거 같아요. 그 뿐아니라, 어릴적 아빠와 함께한 좋은 추억으로 남아있습니다. 모든 가정의 아빠와 엄마에게 추천합니다.

6장

책 읽어주기의 유익한 점, 특히 아빠가 읽어주면 좋은 점

1. 아빠가 자녀에게 책을 읽어줘야 하는 이유

　　　　세계 여러나라를 여행한 사람들이 하는 말이 한국을 떠나 다른 나라를 여행할 때 견문이 넓어지고 사고가 확장된다고 합니다.

엄마가 책을 읽어주는 것과 아빠가 책을 읽어주는 것은 다른 세상입니다. 엄마가 책을 읽어주는 것이 노랑나라를 여행하는 것이라면, 아빠가 읽어주는 것은 노랑과 완전히 다른 나라인 초록나라를 여행하는 것과 같습니다.

　　　　대부분의 가정에서는 주로 엄마가 자녀에게 책을 읽어주는 경우가 많습니다. 자녀의 입장에서는 아빠가 책을 읽어주는 것은 엄마가 읽어주는 세상과 다른 세상을 경험하는 것입니다.

아빠도 책을 읽어주면
아이는 다른 세상을 경험합니다.

2. 하버드대학 듀르스마 박사의 연구결과

2015년 하버드의 엘리자베스 듀르스마 박사의 "아빠가 소리 내어 책을 읽어주는 것과 엄마가 읽어주는 것의 차이"에 대한 연구에 의하면, 아빠가 소리 내어 읽어주는 것이 엄마가 책 읽어주는 것보다 아이들의 언어 발달에 더 큰 영향을 미친다는 것을 발견했습니다.

아빠는 엄마와는 다르게 책의 내용(글과 그림)에 관여한다는 것입니다. 아빠들은 책 주변에서 매우 다른 방식으로 상호 작용하고, 엄마들은 책 속의 물건, 라벨에 대해 많은 질문을 합니다. 예를들어, (책 속에 나온) 장미꽃은 몇 송이 있니? 이 꽃의 색깔은 무엇이니? 이렇게 물어봅니다. 반면에, 아빠들은 생활 속에서 일어났던 일에 관한 언어를 많이 사용하는데, 이는 어린 자녀의 어휘 발달에 좋은 영향을 미친다고 합니다. 예를 들어, 읽어주던 책에서 망치에 대해 내용이 나온 다면, 많은 아빠들은 '아! 아빠가 지난번에 망치 사용해서 베란다에 벽에 못 질 한거 기억나?'와 같이 망치와 관련되었던 이야기를 해준다고 합니다. 듀르스마 박사는 아빠들이 일반적으로 독서에 접근하는 방법에 더 많은 전략을 사용했으며, 그 결과 아이가 더 흥미로운 경험을 하게 되었다고 설명했습니다. 다시 말해, 엄마는 이야기를 가르치지만 아버지는 목소리와 음향 효과와 같은 것으로 이야기를 연출할 가능성이 더 높다고 합니다. 그렇다고 엄마의 책 읽어주기는 자녀에게 작은 영향을 미친다고 하는 것은 아닙니다. 아빠의 책읽어주기와 엄마의 책읽어주기는 다른 종류의 영향을 미친다고 하는 것입니다. 위에서 말한것처럼 아빠가 읽어주는 세상과 엄마의 읽어주는 세상은 다른 세상이라는 것입니다.

듀르스마는 실제로 엄마와 아빠의 책 읽어주기는 상호 보완적이라고 합니다. 엄마의 책읽어주기는 기본적인 이해의 토대를 마련하는 반면, 아빠의 책읽어주기는 언어 발달을 위한 "부스터" 역할을 한다고 합니다. 가장 이상적으로는 엄마 아빠 모두 책읽어주기를 해야 하며, 이는 엄마 아빠 모두 책읽어주기를 함으로서 자녀의 삶에서 누적되는 이점이 더 많아진다는 것입니다. 한마디로 부모가 책을 읽어주면, 아이들은 더 잘 읽고, 어휘력, 언어 이해력, 의사소통 능력이 더 발달한다는 것입니다.

3. 영유아기 (0세~3세) 자녀에게 책을 읽어주면 유익한 점

이 시기는 뇌가 가장 빠르게 발달하는 시기이기 때문에 책 읽어주기는 단순한 놀이 이상의 의미를 가집니다.

*Napkin AI로 제작

0~3세는 책을 "읽는" 것보다 "함께 노는" 느낌으로 접근하는 게 좋습니다. 그림책을 넘기고, 그림을 가리키고, 소리를 내주고, 표정을 지어주는 것만으로도 충분합니다.

책보다 더 중요한 건 아빠와의 즐거운 시간이라는 걸 기억해주세요. 표정 풍부하게, 목소리 다르게, 그림 보며 이야기 나누듯 읽어주면 아이가 더 집중하고 좋아합니다.

4. 유치원기 (4-5세) 자녀에게 책을 읽어주면 유익한 점

영유아기보다 책 읽어주는 효과가 더 커지는 시기입니다. 이야기 구조, 감정 표현, 상상력을 즐기고 이해할 수 있어서, 부모가 읽어주는 책이 더 풍부한 경험으로 다가옵니다.

*Napkin AI로 제작

7장

어떤 책을 읽어줄까요? 추천도서

1. 희락희망 아빠, 저자가 자녀에게 읽어주던 책 가운데 강력 추천도서

1) '세계명작시리즈' - 삼성 출판사

- 알퐁스 도데의 '별', 오 헨리의 '크리스마스의 선물', 나다니엘 호손의 '큰바위 얼굴' 등의 명작들은 아빠, 엄마의 학창시절 읽었던 단편소설이기에 더욱 가슴이 찡해집니다. 전 세계적으로, 오랜 세월 동안 꾸준히 많은 사람들의 사랑을 받아 온 명작시리즈입니다.

2) '셰익스피어 '4대비극' , 로미오와 줄리엣 - 지경사

- 햄릿, 리어왕, 오셀로, 맥베스, 아동용으로 짧게 줄어진 내용이지만 기승 전결이 잘 이어져 감동을 느낄 수 있습니다. 명작은 괜히 명작이 아닙니다.

3) 5000년 세계 위인전 8권세트 - 홍진출판사

- 세계 역사에는 위대한 과학자, 문학가,·교육자 등 다양한 분야에 수 많은 위인
들이 있습니다. 그 위인들의 역사 속으로 들어가 부모와 자녀가 함께 그 분들의
경험을 공유하게 됩니다. 이 책에서 소개된 위인 가운데 제 마음에 안 드는 위인
(예를 들어 정복자 나폴레옹)도 있기는 하지만 그런 위인은 읽어줘도 되고, 안 읽
어줘도 됩니다.

4) 초등학생을 위한 세계명작시리즈 - 지경사

- '사람은 무엇으로 사는가', '바보이반', '전쟁과 평화', '80일간의 세계일주', '부활',
'허클베리 핀의 모험' 등

5) 톨스토이 단편선 1, 2 - 인디북

사람은 무엇으로 사는가: 교회당 근처에 벌거벗은 한 청년을 그냥 지나치지 못하
는 시몬의 작은 사랑실천이 시몬의 가족의 삶을 변화시켰습니다.

- 아동용으로 나온 톨스토이 단편을 읽어주다가 너무 감동을 받았습니다. 그래서 러시아 원전을 그대로 번역한 책을 읽고 싶어졌고, 그 가운데 인디북에서 나온 톨스토이 단편선을 구입해서 희락, 희망이에게 읽어주었습니다. 아동용으로 읽어줘서 혹시 지루해하지 않을까 걱정했는데 전혀 그렇지 않고 오히려 추가된 내용에 흥미를 더 느끼며

"아빠! 이건 지난번 책에는 없던 내용이네~"

하며 아주 잘 들었습니다.

톨스토이 단편소설은 하나님 사랑, 이웃 사랑을 아주 쉬우면서도 재미있게 표현하고 있습니다.

6) 5000년 옛이야기 한국 똥 이야기 - 홍진출판

- 똥이야기는 아이들이 "아이~ 더러워" 하면서도 무조건 좋아합니다. 하하하!

7) 강아지똥, 권정생 글/정승각 그림 - 길벗어린이

- 아무 쓸모없다고 생각하는 강아지의 똥이 거름이 되어 아름다운 민들레 꽃을 피운다는 감동적인 이야기입니다. 지난 30년동안 가장 많은 사랑을 받은 우리나라의 대표적인 그림책입니다. 이 책에는 사랑과 나눔, 그리고 모든 생명을 귀히 여기는 아름답고 소중한 가치가 담겨있습니다.

8) 잠옷파티 - 시공주니어

\- 장애가 있는 언니가 있는 데이지의 이야기가 아주 재미있으면서 감동적으로 풀어갔습니다. 특히, 각자의 개성을 갖고 있는 아이들의 심리묘사와 갈등 그리고 해소과정이 아주 잘 표현되어 있습니다.

9) 동화로 읽는 오페라 23권 - 교원

\- 바그너의 탄호이저, 베토벤의 피델리오, 푸치니의 라보엠, 들리브의 코펠리아 등 유명한 오페라 이야기를 읽어주다 보니 나의 수준이 올라가는 듯한 느낌이 들었습니다. 이 시리즈의 또 한가지 좋은 점은 각 책의 그림 작가들이 모두 다르고 각 책들은 수채화, 유화, 콜라주, 찰흙 등 다양한 미술 기법을 사용하고 있고 그림 수준이 아주 높다는 것입니다.

10) 외국에서 한국 책을 구하는 것이 쉽지 않아 경기도 사이버 도서관에 회원가입을 했습니다. 수 많은 전자책을 공짜로 볼 수 있어서 너무 좋았습니다.
두산 동아 세계명작 시리즈! 적극 추천합니다.
그리고, 국회 전자도서관 앱을 이용해 핸드폰, 태블릿에서 10만여종의 책을 무료로 볼 수 있습니다.

11) 甲스승이 아기부터 유치원생 그리고 초등학생까지 모두에게 읽어주고 있는 그림책이 있습니다. **정지원 작가의 "쪼가리 이야기"**는 화가에게 버려진 쪼가리 종이들도 여러 멋진 작품이 되는 이야기로 단순한 그림과 이야기 속에서 존재의 가치를 느끼게 해주는 동화입니다.
특별히, 희망친구기아대책 문해력교실 온라인수업에 참여하고 있는 보육원 아이들에게 이 책을 읽어주었는데 너무 좋아했습니다.

보육원 아이에게 <쪼가리 이야기> 읽어주는 모습

<정지원 작가가 직접 써 준 쪼가리 이야기 책 소개>

어느날 우연히 작업을 마치고 난 후에 테이블 위에 남겨진 작은 종이들을 보았어요. 단순히 버려지는 종이에 지나지 않고 또 하나의 이미지를 형성하는 모습을 보면서 영감을 받았지요. 어딘가 조금 어설퍼 선택받지 못한 쪼가리들이었지만 그래도 무언가 될 수 있지 않을까 생각했어요. 자신의 모습을 있는 그대로 인정하고 사랑하며 멋진 작품이 되어 가는 쪼가리들처럼 그런 나와 우리가 되면 좋겠다는 마음으로 뱃속의 아이가 자라는 열달 동안 쪼가리 이야기를 쓰고 그렸습니다.

12) 조안나 케인즈의 "너의 모습 그대로" - 템북출판사

- 각자의 재능대로 살아가는 모습이 귀하다는 내용도 너무 좋지만 그림이 정말 부드러우면서도 아름답습니다.

보육원 아이에게 <너의 모습 그대로> 읽어준다고 보여주니, 자기도 그 책 있다면서 가지고 왔다.

2. 영유아기, 유치원기 자녀를 둔 독자의 추천도서

1) 엄마랑 뽀뽀 (김동수 지음, 보림출판)와 아빠한테 찰딱 (최정선 글, 한병호 그림, 보림출판)

- 리듬감 있는 한두문장의 글이 매 페이지마다 반복되어서, 부모도 아이도 쉽게 읽을 수 있는 책입니다. 신생아 때부터 꾸준히 읽어준 책인데 아이가 16개월 정도 되었을 때 서서히 말을 배워가면서 제가 <엄마랑>하면 아이가 <뽀뽀>라고 말하고, 제가 <아빠한테>라고 말하면 <찰딱>이라고 말하더라구요. 짧은 운율을 아이와 노래하듯 주고받는 순간이 참 기쁘고 행복합니다. 두돌이 지난 지금은, 각 페이지마다 나오는 동물들을 알아보며 동물 흉내도 내고, <엄마랑 뽀뽀>라는 말이 나올 때는 엄마에게 뽀뽀를 해주고 <아빠한테 찰딱>을 읽을 때는 아빠에게 안겨서 책 내용을 그대로 따라합니다. 신생아때부터 지금까지(26개월) 쭉 활용하고 있는 책들이라 강추!합니다.

2) 사과가 쿵, 다다 히로시 - 보림출판

- 아이가 18개월쯤 되었을 때 처음으로 읽어준 책입니다. 제가 <사과가>라고 말하면 아이가 <쿵>이라고 대답하는 재미가 있어서 읽어주기 시작했는데 점점 커갈수록 책 속의 동물들도 알아보고, 동물들이 사과를 먹는 흉내도 내더라구요.

저희 아이는 생후 6개월때부터 항암치료로 인해 생과일 섭취가 제한되어서 22개월쯤 되었을 때 처음으로 사과를 먹어보았는데, <사과가 쿵> 책에서만 경험하던 사과를 실제로 맛보니 너무 행복해하면서 책 내용을 흉내내었습니다. 사과를 먹어본 이후로는 그 책을 읽어줄 때마다 더욱 흥미있게 보았습니다. 글밥이 적고 그림이 큼직하면서 어린 아이들의 눈높이에 맞춘 <사과가 쿵> 강추합니다!

3) 영유아기 자녀에게 그림책 읽어주기의 가이드북이라고 할 수 있는 현은자 교수의 **<그림책의 세계관>** 책을 추천합니다.

한가지 더 코멘트 ! 읽어주다 바로 그만 둔 책

1) '이야기 채근담'

– 짧은 내용 읽어주고 교훈을 주려는 의도에서 구입했는데 이야기 전개도 어색하고 억지로 교훈을 주려는 이야기였습니다. 재미도 없었고 그림이 아주 조잡했습니다.

2) 파브르 곤충기

– 큰아들 희락이가 파브르곤충기 만화책을 재미있게 읽고 있는 모습을 보았습니다. 그래서, 글로 된 책을 사서 읽어주었습니다. 그런데 곤충에 대해 자세히 설명하는 글이 너무 어렵고 재미가 없었습니다. 그래서 바로 덮고 안 읽어주었습니다. 하지만, 좀 더 쉽고 재미있게 쓰여진 파브르 곤충기를 발견한다면 읽어줘도 좋겠습니다.

8장

독자의 책 읽어주기 이야기

1. <쪼가리 이야기> 정지원 작가의 책 읽어주기 경험담

저는 그림을 그리는 작가이자
교사이면서 현재 6살인 딸 아이를
키우는 엄마입니다.
저희 딸은 어렸을때 부터 책을 너무
좋아했습니다. 어떤 날은 거의 20권이
되는 책을 읽어달라고 한 적도
있었어요. 책 읽어주는 것이 이렇게
힘든 일인지 아이를 키우며 알았어요.
어떤 날은 책을 읽어달라고 하는
딸에게 이제부터 저녁에는 딱 두권만

읽어줄 수 있어 하면서 규칙까지 들이대곤 했습니다. 지금은 그 정도는 아니지

만 매일 책 두세권 정도는 함께 읽습니다. 한권도 못읽어 줄 만큼 힘든 날도 있

지만 그때는 나름의 요령으로 내용을 요약하거나 대화체만 읽어주기도 하지요.

아이는 엄마아빠가 지금 나와 책을 읽고 싶은지 아닌지 금방 알아 차립니다. 가

끔 성의없이 빨리 빨리 읽어주는 아빠의 태도를 보고 아이는 그때부터 아빠랑 읽

는거 싫고 저한테만 읽어달라고 하더라구요. 하지만 지금은 아빠와 읽는 것도 좋

아 합니다.

책을 읽어주는 시간은 책에 대한 긍정적인 정서를 쌓으며 이야기로 교감하는 시

간 입니다. 아직 글자는 잘 못 읽지만 유치원에서도 책 읽기를 참 좋아한다고 말

씀하시는 것을 보면 그래도 함께 책읽기를 한 시간이 아이에게 좋았던 것 같다는

생각이 듭니다. 그리고 장진갑 스승님의 책 내용 처럼 아이에게 책을 오래 읽어

주며 함께 하는 추억이 가득한 우리 가족이 되었으면 좋겠습니다.

<그랜드티쳐 찬스권> 제자의 자녀에게 책을 읽어주고 있습니다.

2. 두 아들 엄마의 책 읽어주기 경험담

저는 첫 아이를 임신했을때 우연히 (저의 초등학교 은사님) 갑스승님과 연락이 닿았고 아이가 태어나면서부터 책을 읽어주는 것이 중요하다는는 조언을 많이 들었습니다. 그래서 자연스럽게 저도 책육아에 대해 관심이 많아졌고 아이가 백일이 되고나서부터 매일 읽어주기 시작했습니다. 그리고 좋은 기회가 생겨 우리 아이에게 책을 읽어주시러 갑스승님이 방문해주셨습니다. 또 대화를 나누다보니 직접 관련 책을 내신다고 하셔서 너무 반갑고 기뻤습니다.

갑스승님이 쓰신 책 읽어주기 가이드북을 보기 전에는 막연하게 읽어주기만 했다면 이제는 뭔가 목표의식을 갖게 되고 읽어주는 방식에 대해서도 더 선명해지는 것이 느껴졌습니다.

첫째 아이가 태어나고 이제 4년이 다 돼 가지만 아직도 자기 전에 매일 엄마가 책을 읽어주는게 습관으로 잡혀 하루라도 안 읽어주면 울 정도로 본인의 루틴이 되어버렸습니다. 책육아를 통해 가장 큰 행복은 아이와의 소통과 유대감이 깊어졌다는 점입니다. 책을 읽을 때마다 우리는 서로의 생각을 나누고, 감정을 공감하며 그런 순간들이 정말 소중하게 느껴집니다. 지금도 책육아는 계속되고 있고, 아이와 함께 성장하는 이 시간이 너무 행복하고 이런 감정을 깨닫게 해주신 갑스승님께 가슴 깊이 감사의 말씀을 드리고 싶습니다.

2022년 초등제자 현미의 집에 가서 아들에게 책을 읽어 주었습니다.

그로부터 3년이 지나 아이는 많이 컸고, 이렇게 엄마가 꾸준히 책을 읽어주고 있답니다.

3. 초등저학년 딸, 유치원 아들을 둔 엄마의 책 읽어주기 경험담

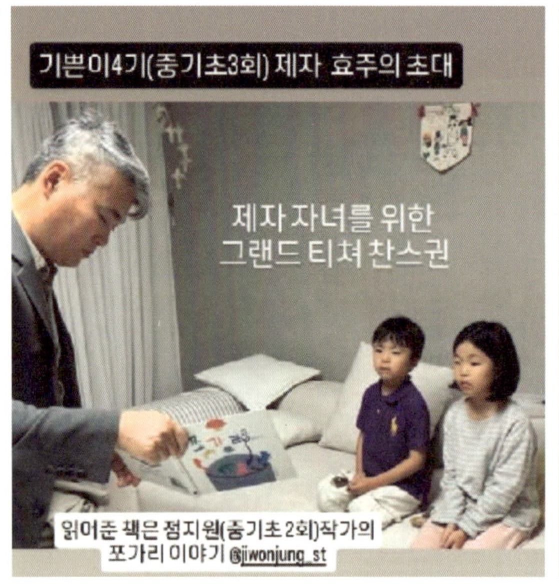

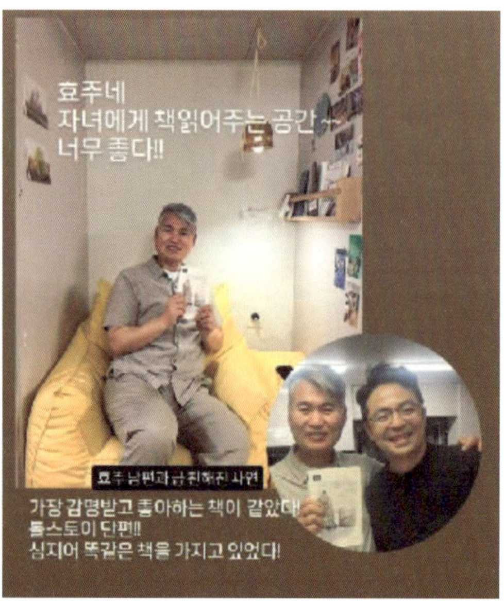

요즘 저희의 잠자리 책은 <빨간 머리 앤>과 <꿀벌 마야의 모험>입니다. 잠 자기 전에 엄마가 읽어주는게 아니라, 애들이 먼저 일어나면 책 들고 와서 저에게 읽어줘요.ㅎㅎ

원래는 첫째 아이가 혼자 빨간머리앤을 읽고 있었어요. 제가 설거지힐 때 읽어딜라고 부탁해서 옆에서 읽어주기 시작했는데 저도 읽어만 주다가 읽어주는걸 들으니까 너무 재밌더라고요.

그러다 어느 날 둘째 아이가 아침에 일찍 일어나서는 엄마아빠 침대에 와서 꿀벌 마야의 모험을 읽어주기 시작했어요.

그래서 요즘 제가 아이들 읽어주는 책, 첫째가 읽어주는 책, 둘째가 읽어주는 책, 아빠가 읽어주는 책이 각각 있어요.ㅋㅋㅋㅋ

아이들이 부모에게 읽어주는 건~~ 또 다른 세계!!

아이들 자신이 읽어주며 부모와 얼마나 더 끈끈한 교감을 느끼게 될까요!! 읽어주며 드는 여러가지 생각과 느낌~~어마어마 할 거랍니다!

9장

책 읽어주기 강의를 들은
여러 아빠, 엄마의 질문과 답변

Q1. 아이가 1학년 남자인데 책을 읽어줄 때 잘 듣지 않고 계속 딴 짓 해요. 어떻게 하나요?

어떤 분들은 아이가 딴 짓하지 못하도록 해야한다고 합니다. 왜냐하면, 책 읽어주는 시간 만큼은 부모를 존중하는 태도를 키우기 위해서 딴짓하지 못하도록 해야한다는 것입니다. 그 말도 틀린 것은 아니지만, 저의 경우는 아이가 딴 짓 해도 그냥 읽어 주었습니다. 아이가 듣지 않는 것 같지만 은연 중 듣고 있는 경우가 많았습니다. 무엇보다도 아빠 자신이 글의 내용에 빠져 읽는 것이 중요했습니다.

아빠(엄마)가 즐겁게 읽고 있으면 언제가 잘 듣게 될 것입니다.

Q2. 아이 몇 학년까지 읽어줘야 하나요?

각 가정의 분위기, 자녀와의 관계, 자녀의 흥미도에 따라 다르겠지만, <15 분 책 읽어주기의 힘>책에서는 중학교까지 읽어주라고 했습니다. 저의 경우는 큰 아들, 작은 아들이 고등학생이 되어서도 읽어 주었습니다. 그 때는 자주 읽어주지 못했지만, 끊이지 않고 주 1회 정도 읽어 주었는데 거의 아빠가 재미있게 읽을 수 있는 명작 소설을 읽어주면 안듣는것 같지만 내용이 흥미롭다보니 읽어주지 말라고 한 적이 거의 없었습니다. 그리고 초등시절부터 꾸준히 읽어주다보니 아빠가 책 읽어주는 것에 대해 거부감이 없었던 것 같습니다.

늦어도 초등 때부터 책읽어주기를 시작하면, 자녀가 중학생이 되어도 책을 읽어 주며 다양한 대화를 나눌 수 있습니다.

Q3. 동화구연하는 것처럼 실감나고 재미있게 읽어주면 좋다고 하는데 저는 그런 실력이 없어서 읽어줄 자신이 없어요. 어떻게 하나요?

꼭 동화 구연하는 것처럼 읽어줄 필요 없습니다. 목소리를 바꿔가며 실감나게 읽어주려고 너무 노력하다 보면 목도 금방 아파지고 힘이 듭니다. 속도가 빨라지지 않고 그냥 자기 목소리로 읽어주면 됩니다. 그러나 글이 너무 흥미진진하고 내용이 고조될 때 자기도 모르게 목소리가 높아지고 긴장감 있게 읽어주는 것도 좋습니다. 이럴 때 책 읽어주는 자신과 눈이 빛나며 듣고 있는 자녀와 하나가 되는 것을 느낄 수 있을 것입니다.

이것은 초등학생 이상 자녀에 해당하는 것이고, 영유아나 유치원생 자녀에게는 부모의 연기력이 중요하기도 합니다. 이 시기는 책 읽어주는 시간이 놀이과정이라고 생각하면 좋습니다. 책보다 더 중요한 건 아빠 엄마와 함께하는 즐거운 시간이라는 인식을 갖도록 하게 하는 것입니다. 그렇다고 쉽게 지칠 정도로 너무 과장해서 동작과 목소리를 내라는 것은 아니고, 그림을 가리키고, 내용에 어울리게 실감나는 목소리를 내주고, 풍부한 표정을 지어주는 것만으로도 충분합니다.

특별히 우리나라의 많은 아빠들!

"책 읽어주기는 어려운 기술이 아니다. 일단 시작하자! 연기 안해도 좋으니 내 목소리로 편하게 읽어주자"란 생각을 가지고 오늘 저녁부터 시작해 보세요.

Q4. 큰 아이가 5학년 작은 아이가 2학년인데 누구에게 맞춰서 읽어줘야 하나요?

큰 아이에 맞춰서 읽어주는 것을 권장합니다. 왜냐하면 작은 아이에 맞춰서 읽어주면 큰 아이는 함께 듣기가 힘듭니다. 하지만 큰 아이에 맞추면 작은 아이는 옆에서 듣던 말던 크게 신경 쓰지 않아도 됩니다. 책 읽어주는 분위기를 느낄 것이고 서서히 따라오게 될 것입니다. 저는 책 읽어주기 5년 쯤 뒤부터는 '아빠(엄마)에게 맞춰 책을 읽어주기'를 하고 있습니다. 제가 재미있는 책을 골라 읽어주었습니다.

얼마 전 인간극장에서 네 아이를 둔 엄마가 자기 전에 책읽어주는 모습을 보았습니다. "이번엔 누구 책 읽어줄 차례야" 하면서 각 아이들에게 맞다고 생각하는 책을 일일이 읽어주었습니다. 각 아이에게 맞는 책을 읽어주느라 책읽어주는 시간이 자기 전에 30분이상 걸립니다. 다 읽어주고 나면 목이 쉬거나 잠깁니다. 이렇게 꾸준히 할 수 있는 아빠,엄마는 그렇게 해도 좋습니다. 그런데 저는 그렇게 못하겠더라구요.

꾸준히 , 즐겁게 책을 읽어주기 위해 '나는 그렇게 못해! 나에게 맞게 이렇게 해야지!" 하고 자기 만의 방법을 찾길 바랍니다.

책읽어주기를 통해 아이에게 지식,학습 등 뭔가 전하려고 하는 것은 부수적인 것입니다. 가장 핵심은 정서적 교감입니다. 책의 내용이 아빠(엄마)에게 쏙 들어와 자녀에게 쏙 들어가는 느낌은 참 짜릿합니다.

Q5. 책 읽어주는 오디오북 틀어주는 것은 어떤가요?

요즘 책 읽어주는 어플도 생기고, 오디오북도 많이 나오고 있습니다. 정말 너무 피곤하고 힘들 때 가끔 이용하는 것은 좋지만, 기계음 보다는 아빠 엄마의 자연 목소리로 읽어주는 것을 추천합니다. 책 읽어주기의 큰 유익 중 하나가 책 읽어주기 과정을 통해 일어나는 부모와 자녀의 상호작용과 정서적 교감입니다. 주로 오디오북을 틀어주고 자녀와의 상호작용과 정서적 교감이 깊어지길 바라는 것은 앞뒤가 맞지 않은 이야기랍니다.

Q6. 부모인 나부터 독서에 관심가질 수 있는 방법 좀 알려주세요

부모 자신이 재미있게 읽을 수 있는 세계명작 단편소설을 읽어 주는 것은 추천드립니다. 저의 경우는 명작 단편을 읽다보니 다른 단편 소설, 오페라 이야기, 장편소설로 독서 영역이 넓어 졌습니다. 사실, 바쁜 일상 속에서 자녀에게 책 읽어주기 시간만이라도 재미있게 읽는 것만으로도 좋다고 생각합니다. 아이들 재워놓고 다음 내용이 궁금해서 혼자서 책을 읽은 적도 많았습니다.

Q7. 하루 중 언제 읽어주면 좋나요?

가정 상황이 모두 다르기는 하지만, 가능하다면 자녀를 재우기 전 읽어주기 권합니다. 왜냐하면, 그 시간에 5-10분정도 읽으면 오래 읽지 않아서 그리 힘들지 않기 때문에 책읽어주기 5가지 <꿈.꾸.다. 물.속> 를 실천하기 아주 좋습니다. 특히, 5년 이상 꾸준히 읽어주기가 훨씬 쉬워집니다. 여기서 꾸준히는 '날마다'가 아니라는 점 아시지요. 그리고, 영유아기 초보 부모에게 권하는 것은 아이가 부부방에서 같이 자지 말고, 따로 다른 방에서 재우라는 것입니다. 책 읽어주고 바로 아이 방에서 저희 가정의 경우 아이들 아기때부터 따로 재우는 훈련을 했고, 희락이 희망이를 재우면서 읽어주었습니다. 5분~10분 정도 읽어주고 "오늘은 여기까지!" 하고 과감히 책을 덮습니다. 그리고 기쁜우리집 가훈을 함께 외치고 축복기도를 하고 방에서 나옵니다.

"기쁜우리집 가훈 준비!"

"항상 기뻐하라! 쉬지말고 기도하라! 범사에 감사하라! 기쁨! 감사! 생각!

"JOY! THANK! THINK! HOPE! TRUST IN GOD!"

제가 한 단어씩 선창하면 희락, 희망이는 후창합니다. 그리고 아래와 같이 축복기도로 바로 이어집니다.

"주님~~사랑하는 우리 희락이 희망이에게 복에 복을 주옵시고, 지경을 넓혀주시고, 항상 보호해 주셔서 나쁜 것으로부터 지켜주세요. 항상 기쁘게 감사하며 좋은 생각하며 살게 해주세요. 아멘!"

(이 기도문은 야베스의 기도와 우리 가정의 가훈말씀을 합쳐서 만든 것입니다)

"굿나잇~사랑해~~"

이 가훈 외치기와 축복기도는 아이들 고등학교 졸업할 때지 계속 했습니다. 큰 아들 아기 때부터 시작해서 20년 가까이 계속 같은 가훈과 축복기도를 했는데, 돌이켜보니 두 아들이 하지 말라고 했던 적이 있어 한 번도 없었다는 사실을 알고 내심 깜짝 놀랐습니다. 축복기도의 위력을 새삼 느끼며 두 아들이 나중에 결혼을 하고 자녀들에게 축복기도의 유산을 이어가길 소망합니다.

오늘은 여기까지! 다음 이야기를 기대하세요~
희망
희락

기쁜 우리집 가훈 준비!
GAP

항상 기뻐하라!
쉬지말고 기도하라!
범사에 감사하라!
GAP

(축복기도) 사랑하는 희락 희망에게 복에 복을 주시고…
GAP

Epilogue

JUNG JO AN

그림작가의 어린시절 모습

어렸을 때부터 집에 책장이 줄서 있던 것을 기억합니다. 부모님이 두 분 다 책을 참 좋아하시는 분들이셔서 책이 정말 많았죠. 저에게 독서란 늘 놀이였습니다. 부모님이 책을 읽으라고 시키신 적도 없고 공부라고 생각한 적도 없었죠. 그저 뭔가를 배운다는 사실이 늘 흥미로웠고 신났습니다. 숙제하기 전에 늘 책만 읽는다고 혼나기까지 했었죠! 모든 아이들이 그렇게 사는 줄 알았어요.

그러다 나중에 학교에 가서는 웬만한 친구들은 책을 너무 안 읽어서 부모님께 혼나기도 한다는 걸 듣고 깜짝 놀랐죠. 중학생, 고등학생이 되어서도 독서는 제게 정말 즐거운 일이었습니다. 학교에서 국어 문제집을 풀 때도 기억하는 책들이 지문으로 등장하면 신이 났고, 처음 보는 영어 지문도 책을 읽으며 무언가를 배운다고 생각하면 갑자기 재미있어졌습니다. 학원을 거의 다니지도 않았지만 읽고 배우는 것 자체가 즐겁고 나니 수능을 공부할 때도 즐겁게 할 수 있었습니다!

학교 공부에 큰 도움이 되었던 것 외에도, 다양한 책과 그 속의 주장이나 캐릭터들의 마음에 공감하거나 생각해보면서 사람을 사랑하고 또 이해할 수 있는 마음도 정말 넓어진 것 같습니다. 다양한 사람들의 삶을 대신 경험해보면서 나는 어떤 사람이 되고 싶은지도 정말 생각을 많이 하게 되었구요.

책읽기의 도움을 받아 지금 이곳까지 성장할 수 있었던 것은, 먼저 책을 사랑하고 책읽기를 즐거운 것으로 대하셨던 엄마와 아빠의 영향 덕분이었습니다! 사실 엄마와 아빠가 소리내서 책을 자주 읽어주셨다기보다는, 책이 가득한 환경을 조성해 주시고 부모님이 먼저 독서를 즐거워 하시는 모습을 보여주셨습니다. 엄마와 아빠의 책 사랑이 저도 책을 좋아하게 만들었고 종종 엄마가 책을 읽어주셨던 기억은 지금까지도 소중한 기억으로 남아있습니다.

이 책의 일러스트를 그리면서 저도 다시금 독서를 생각하게 되었습니다. 핸드폰이 생긴 이후로 저의 취미생활에서 독서는 점점 사라졌는데, 제가 그렇게 즐거워했던 책을 다시금 펼쳐보게 되었습니다. 그리고 미래에 엄마가 되었을 때, 제 아이들도 저희 부모님이 저에게 독서의 즐거움을 전수해주셨듯이 저 또한 제 아이들에게 그 즐거움을 전달해주고 싶어졌어요. 책 읽어주기를 통해 단순히 정보전달 뿐이 아닌 아이와의 정서적 교감이나 세상을 바라볼 수 있는 다양한 지혜까지 나눌 수 있다는 것이 너무 소중했기 때문입니다!

많은 부모님과 아이들이 이 책과 삽화들을 통해 제가 즐기고 누렸던 독서의 아름다움을 경험하실 수 있게 되기 바랍니다!

부록

1. 저자가 직접 두 아들과 함께 했던 아빠와 자녀의 친밀감도 높이고, 지능계발도 되었던 놀이

자녀의 적정 연령: 3세~8세

(아이의 덩치에 따라 위아래로 2살 정도 차이남, 저자의 경우는 두 아들이 덩치가 크지 않아서 유치부터 초등 3학년때까지 했습니다.)

2. 책 읽어주기 가이드북 <아빠! 책 읽어주세요> 온라인 북세미나 안내

온라인 북세미나 안내

1. 팔로 걷기 3단계 놀이

준비물: 보통 가정 집에 있는 지형지물 (쇼파, 쿠션, 의자) 방법

1단계 순서

1) 아빠가 지정된 출발 장소에서 자녀의 양발을 잡아준다. 아이는 양팔을 바닥에 대고 출발 준비를 한다.

2) 큰방이나 작은 방 입구에서 출발해 거실 쇼파까지 팔로 걸어간다.

3) 1단계는 중간에 장애물이 없다.

4) 쇼파에 다달았을 때 쇼파 위까지 팔 힘을 이용해서 아이 스스로 올라가야지 성공이다.

5) 중간에 엎어지거나, 팔꿈치가 바닥에 닿으면 실패, 쇼파로 올라가다 바닥으로 쓰러져도 실패

6) 실패하면 다시 도전할 수 있다.

2단계

1) 1단계와 동일하고, 아래 사항만 추가된다.

2) 중간에 쿠션 방석을 여기 저기 설치한다.

3) 장애물을 지그재그로 통과하도록 가는 길을 미리 알려준다.

4) 아이는 장애물을 피해서 목적지(쇼파)까지 올라가면 성공!

5)장애물에 닿거나 쓰러지면 실패

3단계

1) 1,2단계와 동일, 아래사항 추가

2) 고난이 장애물을 설치한다. 예를 들어 높은 쿠션을 놓고 여기는 산이라 하고 산을 넘어가야 한다고 말해준다.

Tips

1) 단계별로 아빠가 동기부여 멘트를 던진다. 예를 들어,

    a) "오! 우리 OO이 팔힘 아주 좋은데!! "

    b) (쇼파로 올라갈때 보통 힘들어한다) "팔뚝을 쇼파에 걸치고 올라가도 된다~ 조그만 더 하면 성공이야!!" (성공할 경우) "성공! 다음 2단계 도전할래? (실패할 경우) "아! 아깝다~ 실패~ 다음에 다시 도전하면 된다!"

    c) (실패할 경우 봐주지 말고) 실패!! 팔꿈치가 바닥에 닿았다~~ 출발점부터 다시 도전!!" (형제자매가 있을 경우) 다음은 형(오빠, 언니, 누나) 차례야~ 다음에 다시 도전하면 된다"

2) 부상 방지: 아이가 너무 빨리 팔로 걷다가 앞으로 꼬꾸라져서 얼굴이나 턱이 바닥에 세게 부딪힐 수 있으니~ 아빠가 발을 잘 붙잡고 속도를 조절해야 한다. (놀다가 다치면 아내에게 혼나니~~ 조심조심)

3) 여기는 3단계까지 있지만 각자 집안 상황에 맞게 4, 5단계까지 난이도를 높여가며 새로운 코스를 만들어도 좋다

4) 아이의 의견을 물어봐서 새로운 장애물 코스를 만들어 이렇게도 해보고, 저렇게도 해보며 재미있게 대화도 나눌 수 있다. (창의력 증진 효과만점!)

2. 이불탈출 3단계

준비물: 얇은 이불 또는 담요 (얇게 펼 수 있는 침낭도 관계없다)

방법

1단계

1) 거실 중앙 넓은 곳에 이불을 넓게 편다

2)이불 한쪽에 차렷자세로 아이를 눕힌다.

(이 때 얼굴은 이불 위로 올라와 있어야한다.)

3) 아빠는 김밥처럼 돌돌 말아서 돌린다. 아이의 얼굴은 밖으로 나와있다.

(1단계는 약간 헐렁하게 만다)

4) 아빠가 준비하면~~ 아이는 탈출! 외치고 이불에서 빠져 나오면 성공!!

2단계

1) 1단계에 아래사항을 추가한다.

2) 이불 속에 얼굴과 팔이 들어간 상태에서 돌돌 만다.

3) 1단계보다는 덜 헐렁하게 말고, 풀러지는 쪽에 아빠가 막아선다.

4) 준비 ~~ 탈출!!

3단계

1) 1,2단계에 아래사항을 추가한다.

2) 2단계보다는 더 단단하게 돌돌 만다.

3) 아이가 이불에 들어가 돌돌 말아서 벽쪽으로 붙이고 한쪽은 아빠가 막아선다.

4) 준비 ~~ 탈출!

Tips

1) 아이가 웬만큼 잘 탈출하면 시간 제한을 둔다.

아이의 상황에 맞게 30초, 20초, 10초 시간을 줄여간다.

2) 아빠가 아이를 향한 적절한 격려와 칭찬을 해주면서 탈출하도록 한다.

예를 들어,

  a) (1단계에서 성공하면)

  "오! 반대쪽으로 구르면 풀리는 줄 어떻게 알았을까!! 굿잡!"

  b) (스포츠 중계하는 아나운서처럼) "오! 몸을 꿈틀거리며

    이불을 헐렁하게 만들고 있습니다! 머리를 잘 쓰고 있는 OO이 누구

    아들(딸)인가요! 아주 똑똑해요!

  c) (3단계 도전에서) 한쪽이 벽으로 막혀있고, 또 한쪽은 아빠 다리로 막혀

    있는데~~ 과연 빠져나올 수 있을까요!!"

3) 차렷자세로 돌돌 말아도 좋고, 팔을 들고 만세자세로 돌돌 말아서 시도해봐도
재미있다.

3. 점프 말타기 3단계 놀이

준비물: 쇼파, 피곤하지 않은 아빠컨디션

주의사항: 허리 디스크가 있는 아빠는 이 놀이 금지

방법

1단계

1) 아이는 소파 위에 서 있는다

2) 아빠는 소파에서 30cm정도 떨어져 말자세를 하고 엎드려 있는다.

3) 아빠가 점프! 외치면 아이는 말타기! 외치며 점프해서 말을 탄다

4) 아빠 등에 잘 착지해서 말타는 자세를 취하면 성공!

5) 점프해서 타다가 등에서 떨어지면 실패!

2단계

1) 1단계와 동일하다. 다만, 소파와 아빠 말의 거리를 40-50cm정도 떨어진다.

2) 아빠말 옆에 매달렸다가 기어 올라가 말타기 자세를 취해도 성공! 바닥으로 떨어지면 실패!

3단계

1) 소파와 아빠말의 거리를 아이의 점프력, 키와 덩치에 따라 적절하게 멀게 한다.

2) 3단계 시작은 못할 정도로 멀게 해서 아이가 실패를 맛보게 한다. 그리고, 어떻게 할지 고민하고 다시 도전하게 한다.

Tips

1) 아이가 쇼파에서 점프하는 순간, 아빠말이 등을 살짝 소파쪽으로 기울인다. 그러면 아이가 더 잘 매달리며 착지할 수 있다.

2) 주의사항: 가끔 아이가 점프하고 착지하는 순간, 무릎이나 발로 아빠 옆구리를 찰 수 있다. 부상방지를 위해, 아빠는 아이가 타는 순간에 배와 옆구리에 힘을 줘서 웬만큼 부딪혀도 아프지 않도록 한다.

3) 이 놀이도 위의 놀이와 마찬가지로, 아이와 대화를 나누면 어떻게 잘 착지 할 수 있을지 물어보고, 칭찬과 격려하며 실패와 성공을 맛보게 한다.

책 읽어주기 가이드북 <아빠! 책읽어주세요> 온라인 북 세미나 안내

책살~(책읽어주며 살아요~)

의무감에 책읽어주기를 하고 있나요? 자녀에게 책읽어주기가 힘든 시간인가요?
부모와 자녀모두 즐겁고 의미있는 시간이 되는 5가지 책읽어주기 방법을 알려드립니다.
저자의 자녀 초등부터 고등까지 책읽어주기를 실천하며 터득한 노하우를 전해드립니다.

책읽어주기 가이드북 '아빠! 책읽어주세요' 저자
보조바퀴교육센터지기 甲스승 장진갑
일시_ 매월 첫째주 토요일 오후 2시30분 ~ 3시30분
장소_ zoom 온라인 미팅
주요대상_ 영아-유치-초등학교 자녀를 둔 아빠, 엄마
(책읽어주기 관심자 누구나 환영)
참가비_530원
* 5가지 방법대로 30일동안 실천하면, 5년이상 꾸준히 즐겁게 할 수 있다는 의미입니다.
(무료나눔하고 싶기도 했지만, 비용을 떠나 뭔가 의미를 전하고 싶었습니다.)
* 참가비는 전액 "희망친구 기아대책(비영리기관)"에 기부합니다.
송금처_신한: 649-02-091279 장진갑
송금한 분(신청완료자)께 zoom 링크보내드립니다.

참석자 혜택

1. 교보문고, YES24 등 유명서점에서 판매되고 있는 책읽어주기 가이드북 '아빠! 책읽어주세요' 원본 책자 PDF파일 제공

2. 5가지 비법 요약 정리한 디지털 카드뉴스 제공
**** 이미 책을 구입한 분은 무료 참석입니다.
아래 문의란에 "기존 독자"라고 적어주세요.
감사합니다.
책~~살~~

참석자 혜택

1. 교보문고, YES24 등 유명서점에서 판매되고 있는 책읽어주기 가이드북 '아빠! 책읽어주세요' 원본 책자 PDF파일 제공

북세미나 참석 독자 소감

초보엄마로서 책을 읽어주면서도 내가 제대로 하는 건지, 앞으로 어떻게 책을 읽어주면 좋은지 고민되던 찰나에 귀한 세미나 열어주셔서 도움이 많이 되었습니다. 책을 "읽어"줘야겠다는 생각에 부담이 조금 있었는데 부담감은 내려놓고 책으로 "놀아"주면서 책과 친숙해지는 환경을 조성해주고 짧게라도 꾸준히 책을 통해 교감하는 시간을 가져야겠다고 생각이 듭니다. 유익한 세미나 열어주셔서 감사합니다! 책살~

-초보엄마 윤은지

'책을 읽어줘도 아직 알아듣지 못한다는 생각에 의미가 있는건가?'라는 의문과 갖게 되어 책 읽어주기에 흥미를 잃어가고 있던 시점이었는데, 갑스승님의 세미나를 듣고 아빠 관점에서 어떻게 읽어줘야 하는지 방향성을 알게되어 좋았습니다. 앞으로 꾸준히 10년 책읽기 위해 세미나에서 배웠던 꿈.꾸.다.물.속. 기억하겠습니다. 감사합니다.

-딸바보 아빠 김현흠

참고 문헌

짐 트렐리즈, '15분 책 읽어주기의 힘'(원제 소리 내어 책 읽어주기 핸드북),
도서출판 북라인

블룸버그 (2022년 9월 14일자 기사), 외신이 분석한 한국의 저출산 원인
'Hagwon'
https://hey.news.co.kr/article/now/2022091500943481

"우리 애 왜 F 학점이냐! " 막무가내 민원…교수들 폰 번호 감춘다 , 뉴 헬리콥터
부모 https://news.nate.com/view/20241202n01220,

천근아 (세브란스 병원 소아정신과 전문의), 뇌가 망가지는 이유,
https://www.youtube.com/watch?v=MQ5mqaDeosc

Phillip Campbell, Why Dads Should Read to Their Children, Feb 12, 2024
 https://homeschoolconnections.com/dad-read-aloud/

강아지똥 책 소개글, 예스24 <https://www.yes24.com/Product/
Goods/15320>

글: 장진갑 (甲스승)

고등학교 시절 초등또래 아이들이 잘 따르고,
아이들과 놀기 좋아해서 초등교사의 꿈을 가지게
되었다. 초등교사가 되고 난 뒤, 열정만 있고
뒤죽박죽 엉성한 신규교사 시절을 지나
2000년부터 삶으로 가르치는 진정한 스승이
되고 싶어 제자들에게 선생보다는
스승이라고 불러달라고 하고 새학년을 시작했다.
제자의 이름을 잊지 않기 위해 해마다 가르쳤던

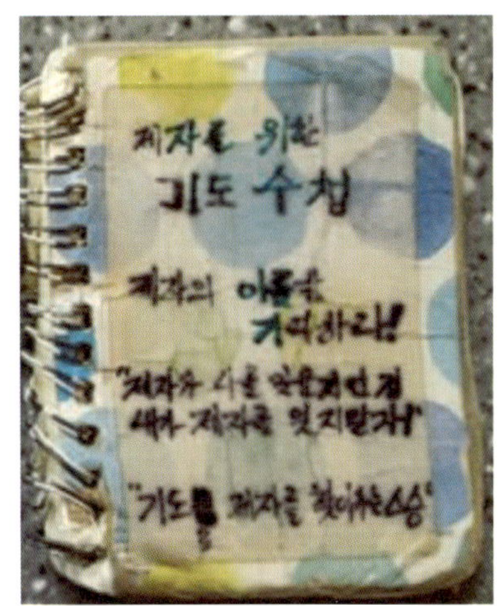

제자들의 이름과 소식을 적어두는 <제자수첩> (557명) 을 뒷주머니에 늘 가지고
다니는 특이한 교사이다. 이 제자수첩 덕분에 20년 넘게 연락되는 제자들이 많고,
아주 오랜만에 연락된 제자들도 전혀 어색하지 않게 대화를 나눌 수 있게 되었다.
퇴직 후에는 '그랜드티쳐(할아버지 선생님) 찬스권'을 만들어 제자의 자녀에게 책
도 읽어주고 마술도 보여주고 있다. 문해력 온라인교실에서 보육원 아이들을 가
르치며 매 시간마다 잠시 짬을 내어 책을 읽어주고 있다.

현) 희망친구기아대책 온라인 문해력학교 교사
현) 밴쿠버 장애인 비영리기관 Hear & Now, Caregiver
현) HOdoolGAP Entertainment Creator (발달장애인을 위한 헤어컷과 호두과
자 만들기)
전) 중국 하나국제학교 교장 (주1회 책읽어주는 교장)
전) 중앙기독초등학교 협동학습연구팀장, 교사, 교감 (러시아 모스크바 교육선교
사 파송근무)
전) 교사선교회 (TEM) 수원지역 간사

그림: 정조안

어릴 때부터 지독한 책벌레로 크면서 줄글과

만화책을 가리지 않고 읽었고, 글과 그림을 사랑하는 아이로 자랐다.

아직도 간직하고 있는 작가와 만화가의 꿈에

이 책을 통해 한 걸음 더 가까워졌다.

청강문화산업대학교 애니메이션과 재학 중이며, 작가명 '오가월'로 앨범 커버 아

트나 뮤직비디오 제작 등 다양한 형태의 작품 활동을 이어오고 있다.

가수 Nyork 의 앨범 커버 작업 다수 Nyork 의 앨범 커버 작업 다수

가수 Nyork 의 <Noligon> 뮤직비디오 제작

인스타그램
@oga_whol
유튜브
Ogawhol

스승과 제자의 콜라보 프로젝트
BOBA × JOAN
스승은 글로,
제자는 그림으로!
GAP
우리아이 책 읽어주기 가이드북!